新法科·法律实务和案例教学系列教材

华东政法大学
教材建设和管理委员会

主　　任　郭为禄　肖　凯
副 主 任　罗培新　洪冬英
部门委员　虞潇浩　杨忠孝　陆宇峰
专家委员　王　迁　孙万怀　钱玉林
　　　　　任　勇　佘素青　杜素娟

本书受上海市高水平地方高校（学科）建设项目资助

Criminal Moot Court

刑事模拟法庭

主 编 王恩海
副主编 冯 硕
撰稿人 王连昭 白翔飞
　　　　洪梓桉 王 誉

———北京———

图书在版编目（CIP）数据

刑事模拟法庭／王恩海主编． -- 北京：法律出版社，2025． -- ISBN 978-7-5244-0494-1

Ⅰ.D925.218.5

中国国家版本馆 CIP 数据核字第 2025BX2535 号

刑事模拟法庭
XINGSHI MONI FATING

| 主　　编　王恩海 | 责任编辑　陆帅文 |
| 副 主 编　冯　硕 | 装帧设计　臧晓飞 |

出版发行　法律出版社　　　　　　　开本　710 毫米×1000 毫米　1/16
编辑统筹　法律教育出版分社　　　　印张　14.5　　　字数　206 千
责任校对　郑怡萍　　　　　　　　　版本　2025 年 6 月第 1 版
责任印制　刘晓伟　　　　　　　　　印次　2025 年 6 月第 1 次印刷
经　　销　新华书店　　　　　　　　印刷　北京科信印刷有限公司

地址:北京市丰台区莲花池西里 7 号(100073)
网址:www.lawpress.com.cn　　　　　销售电话:010-83938349
投稿邮箱:info@lawpress.com.cn　　　客服电话:010-83938350
举报盗版邮箱:jbwq@lawpress.com.cn　　咨询电话:010-63939796
版权所有·侵权必究

书号:ISBN 978-7-5244-0494-1　　　　定价:39.00 元
凡购买本社图书,如有印装错误,我社负责退换。电话:010-83938349

序

我校于 2013 年参加第一届全国大学生模拟法庭竞赛，我于 2015 年参与指导，之后开设了面向全校的选修课，在指导和授课过程中，萌生了写作本书的想法。本书初稿完成于 2022 年 3 月，计 4.2 万余字。后邀请本书参与人在此基础上撰写，具体分工为：

冯硕、王誉：第一章、第六章

白翔飞：第二章、第五章

洪梓桉：第三章、第四章第一节至第三节

王连昭：第四章第四节

王恩海、冯硕：统稿

本书是我校模拟法庭教学和竞赛的阶段性总结，尚不成熟，但"千里之行，始于足下""丑媳妇总要见公婆"，恳请诸位读者提出宝贵意见，以促进本书的完善。

希望各位领导、专家能继续关心、支持模拟法庭活动，这真的是一件有意义的事情。

王恩海

2025 年 6 月

Contents 目录

第一章　模拟法庭概述　　001
第一节　模拟法庭的概念　　003
一、模拟法庭的定义　　003
二、模拟法庭课程的必要性　　007
三、模拟法庭与传统法学教育的差异　　009
第二节　刑事模拟法庭的基础与目标　　013
一、刑事模拟法庭的知识基础　　013
二、刑事模拟法庭的思维基础　　018
三、刑事模拟法庭的培养目标　　022
第三节　刑事模拟法庭的基本框架　　027
一、刑事模拟法庭的环节与结构　　028
二、法庭调查的基本要求　　030
三、法庭辩论和被告人最后陈述的基本要求　　033

第二章　刑事模拟法庭的破题　　035
第一节　破题的基础——阅卷　　038
一、阅卷"四步法"　　039
二、阅卷的注意事项　　040
三、阅卷的目标——从"发现问题"到"给出答案"　　042
第二节　模拟法庭公诉方的破题　　043

一、公诉方破题的理念与精神　　044
　　二、公诉方破题的考虑因素　　046
　　三、公诉方选取出庭证人的考虑因素　　047
　　四、公诉方需要准备的文书　　051
　第三节　模拟法庭辩护方的破题　　054
　　一、辩方破题的理念与精神　　056
　　二、辩护方破题的考量因素　　056
　　三、辩护人与被告人的配合　　058
　　四、辩护方需要准备的文书　　060

第三章　刑事模拟法庭的发问　　063
　第一节　发问的基本要素和庭前准备　　065
　　一、发问的基本要素　　065
　　二、发问的庭前准备　　069
　第二节　直接询问技巧　　074
　　一、公诉人发问证人技巧　　074
　　二、辩护人对被告人的发问技巧　　083
　第三节　交叉询问技巧　　087
　　一、交叉询问的职责　　087
　　二、交叉询问的特殊表现形式——诱导式发问　　088
　　三、对不当发问的制止　　094
　　四、公诉人、辩护人交叉询问案例演示　　094
　第四节　被告人与证人　　099
　　一、被告人与证人的重要性　　099
　　二、被告人与证人的准备方法　　100

第四章　刑事模拟法庭的举证质证　103
第一节　举证质证的概念和原则　105
　　一、举证质证的概念　105
　　二、举证质证的原则　109
　　三、举证质证的模式　114
第二节　举证质证的庭前准备　117
　　一、公诉人举证提纲的庭前准备　117
　　二、辩护人质证提纲的庭前准备　123
第三节　庭审举证质证的具体方法　127
　　一、物证　128
　　二、书证　129
　　三、证人证言、被害人陈述　129
　　四、被告人供述和辩解　131
　　五、鉴定意见　132
　　六、勘验、检查、辨认、侦查实验等笔录　134
　　七、视听资料、电子数据　135
第四节　司法鉴定知识的运用　136
　　一、司法鉴定意见的概念与分类　136
　　二、鉴定程序的审查和质证　137
　　三、鉴定实体的审查和质证　140
　　四、案例分析　152

第五章　刑事模拟法庭的法庭辩论　163
第一节　法庭辩论的概念及意义　166
　　一、法庭辩论的概念　166
　　二、法庭辩论的意义　167
第二节　法庭辩论的基本原则　169

一、与法庭调查呼应原则　　　　　　　　　　　　　170
　　二、口头表达原则　　　　　　　　　　　　　　　　173
　　三、围绕争议焦点原则　　　　　　　　　　　　　　174
　　四、重点突出原则　　　　　　　　　　　　　　　　176
　　五、对象明确原则　　　　　　　　　　　　　　　　177
　第三节　法庭辩论的流程及表现形式　　　　　　　　　　178
　　一、法庭辩论流程安排　　　　　　　　　　　　　　178
　　二、法庭辩论的表现形式　　　　　　　　　　　　　181
　第四节　如何呈现精彩的法庭辩论　　　　　　　　　　　186
　　一、选择适合自己的方式　　　　　　　　　　　　　187
　　二、做好庭前准备工作　　　　　　　　　　　　　　188
　　三、注意表达的方式　　　　　　　　　　　　　　　190
　　四、避免陷入误区　　　　　　　　　　　　　　　　194

第六章　刑事模拟法庭竞赛的组织　　　　　　　　　　　197
　第一节　比赛准备　　　　　　　　　　　　　　　　　　199
　　一、模拟法庭赛题说明　　　　　　　　　　　　　　199
　　二、模拟法庭开庭程序与时间分配　　　　　　　　　200
　第二节　庭审细则　　　　　　　　　　　　　　　　　　203
　　一、书记员陈词模板　　　　　　　　　　　　　　　203
　　二、审判长陈词模板及注意事项　　　　　　　　　　204
　　三、举证质证规则　　　　　　　　　　　　　　　　210
　第三节　评分细则　　　　　　　　　　　　　　　　　　212
　　一、评委评分标准（总分30分）　　　　　　　　　　212
　　二、评委投分表　　　　　　　　　　　　　　　　　215

余论：我们需要什么样的模拟法庭   217
    一、模拟法庭能给法学教育带来什么   217
    二、模拟法庭能给参与者带来什么   217
    三、模拟法庭能给司法实务界带来什么   219
    四、我们需要什么样的模拟法庭   220

第一章
模拟法庭概述

Chapter 1

模拟法庭作为一种实践性教学活动，在法学基础教育中愈发具有重要价值，也日益成为法学专业学生必修类实践课程。当学生走入模拟法庭课程之时，往往会产生下列疑问：模拟法庭是什么，参与模拟法庭需要做什么以及模拟法庭能给我带来什么。本章将围绕上述三个问题展开，以期从总体上对模拟法庭作出概述。

第一节 模拟法庭的概念

"模拟法庭是什么"往往成为学生在选择参与模拟法庭课程训练时提出的第一个疑问，因此本节将围绕模拟法庭的概念，就其定义和特征进行介绍，并重点就模拟法庭与传统法学教育的差异进行论述。

一、模拟法庭的定义

习近平总书记指出，法学学科是实践性很强的学科，法学教育要处理好知识教学和实践教学的关系。[①] 如何提升法学教育的实践教学水平，是新时代中国法学教育的重要命题。从域内外法律人才培养的经验看，以现实为导向加强法学学子处理案件的综合能力是实践教学的重要目标，"模拟法庭""法律诊所"等实务训练课程早已成为法学教育不可或缺的一环。本书认为，模拟法庭的运行模式，实际上是一种通过再现真实司法审判的方式，将法学理论与法律技术融汇贯通的实践性教学活动，这充分揭示了模拟法庭的表现形式和主要目的。

---

① 参见《立德树人德法兼修抓好法治人才培养 励志勤学刻苦磨炼促进青年成长进步》，载《人民日报》2017年5月4日，第1版。

(一) 模拟法庭是对真实司法审判的再现

模拟法庭之所以成为法学教育中深受欢迎的教学方式，主要是由于其能够为学生带来接近真实的司法庭审活动，将学生带入逼真且直观的庭审活动中去体验司法实践。因此，模拟法庭从产生以来便力图贴近真实司法审判活动，让学生沉浸其中并有所收获。在追求对真实司法审判活动的再现过程中，需要做到以下几点：

一是要求参与模拟法庭的学生都应当按照真实司法审判活动扮演相应的角色，并以角色代入的身份参与庭审。在刑事模拟法庭中，往往需要由学生扮演检察官、辩护律师、被告人及证人，有时也需要学生充当法官和人民陪审员等角色，这就要求他们站在相应角色的角度思考与表达，以贴合真实的司法审判活动。

二是要求模拟法庭所使用的案例应基于真实案例。从案例表现形式看，模拟法庭主要分为两大类：以案卷为载体和以事实陈述为载体，两者最大的区别在于，参与者有没有可能运用证据法知识对案例的证据进行分析。从某种意义上说，司法实践中的"办案"就是"办案卷"，这是对参与方刑法、刑事诉讼法、证据法等诸多学科知识的考察，控辩审三方遵循"以事实为根据，以法律为准绳"原则，表达观点，论述理由，是对参与者证据分析能力和法律适用能力的综合锻炼。以事实陈述为载体的模拟法庭活动，其基础是对证据材料的归纳和总结。事实并非以案卷形式表达出来，参与者无法像真实司法实践的控辩审一样可以对案卷材料予以归纳总结。因此，一般的模拟法庭主要考察的是参赛队员的辩论能力和对相关法律条文的理解能力，其本质是法学教学活动中最为常见的案例分析，只不过被冠以"模拟法庭"字样。从某种意义上说，不以案卷为载体的活动难以称为"模拟法庭"，因为这种活动主要锻炼参与者的法律分析能力，而这完全可以通过常见的教学活动来实现。

三是要求模拟法庭的推进流程应以现行程序法为基准。以刑事模拟法庭为例，根据《刑事诉讼法》的规定，刑事庭审分为法庭前准备、法庭调查、法庭辩论、被告人最后陈述、合议庭评议等阶段，其中法庭调查又分为发问和举证质证环节。模拟法庭应严格遵循该流程，只不过为教学和比赛方便，严格控制参与者各环节的发言时间，这其实对参与者提出了更高的要求。这种模式有助于参与者熟悉我国庭审流程，明晰各环节的意义，了解如何准备及参与庭审，有助于参与者毕业后尽快融入司法实践。

尽管模拟法庭力图对真实司法审判活动予以再现，但其仍然与真实庭审存在区别，这也决定了在某些方面模拟法庭无法打造百分之百的庭审复刻，但从某种意义上说，对参与者的要求超过了真实庭审，具体表现在下述几个方面：

第一，模拟法庭的庭审流程比大多数真实庭审更规范，如分焦点辩论、举证质证辩论总结、审判长询问是否有补充发言等，这有助于参与者更有效且充分地表达观点，但也对参与者提出了更高要求，如增设的举证质证和辩论总结环节，就要求参与者从宏观层面把握本方及对方观点，对参与者的概括归纳能力和反应能力提出了较高要求。

第二，模拟法庭有限时要求，这也对参与人提出了更高的要求，因为一定要在相对较短的时间内表达清楚所要表达的内容。

第三，在真实庭审中，证人出庭比例极低，在模拟法庭中，为保证控辩双方人数均衡，立法设置了控方证人出庭的环节，这一设置对控辩双方都提出了较高的要求。从某种意义上说，证人出庭这一设置走在了真实庭审之前，模拟法庭的发问训练对真实庭审有一定的指导作用，因为法庭发问是我国现阶段真实庭审的薄弱环节，通过这一环节的设置，将有助于参与者学习如何发问以及如何回答问题，从而掌握一定的发问技能。从某种意义上说，发问环节的设置切实体现了课堂教学不拘泥于实践，走在实践前面的特点。

（二）模拟法庭是将法学理论与法律技术融通的教学活动

模拟法庭归根结底仍然是一种教学活动，故而需要由教师参与并全程指导。在教学内容上，不同于一般法学教学活动，模拟法庭的教学应兼具理论与实践并重点通过对法律技术的传授将法学理论与现实案例相结合，实现在理论与实践、规范与事实之间的穿梭。教学内容的要求，使模拟法庭在师资上具有不同于一般教学的要求。

首先，模拟法庭授课教师应当具备相对全面的法学知识储备。模拟法庭的实践案例由于来自于真实案件，其往往会涉及多学科知识。以刑事模拟法庭为例，大量的训练案例除涉及刑法和刑事诉讼法这两门基础学科外，还会在暴力型犯罪案件中涉及法医学、侦查学等刑事科学的知识，在经济金融类犯罪当中亦会涉及合同法、公司法以及证券法等民商事法律。这便要求授课教师除在本专业领域具有一定的知识储备外，对于所涉交叉学科都应有所涉猎。当然，理想下的模拟法庭教学工作应当组建相应的教学团队，团队当中应当通过整合资源涵盖相应学科的专业教师共同授课和指导，从而满足课程多元化的需求。

其次，模拟法庭授课教师应当具备一定的司法实务工作经验。模拟法庭倡导的是通过实践性教学实现法学理论与法律技能的综合运用，故而在授课与训练内容上应以实践为导向，注重实践经验的传授和技能的运用。美国法学家霍姆斯在《普通法》开篇即提出"法律的生命不在于逻辑，而在于经验"。[①] 由于模拟法庭需要尽量贴合真实司法审判活动，所以在模拟法庭实验过程中，大到庭审程序的如何进行，小至每一份司法文书的撰写以及学生在法庭上的动作、言语表现等，都离不开指导教师的事先指点和事后纠正。如果指导教师没有司法实务经验，那么就难以胜任模拟法庭的指导工作。[②]

最后，模拟法庭授课教师数量应当满足一定的师生比例。传统课堂教学中的教师，可以同时向几十名甚至上百名学生授课，这一模式难以在模拟法庭课堂上体现。模拟法庭的课程需要教师根据不同学生的具体情况展开有针

---

① ［美］小奥利弗·温德尔·霍姆斯：《普通法》，冉昊、姚中秋译，中国政法大学出版社2006年版，第15页。

② 参见陈学权：《模拟法庭实验课程建设基本问题研究》，载《黑龙江高教研究》2007年第11期。

对性的指导，故在单个学生身上投入的精力和时间更多。因此，在整个模拟法庭课程授课中，有必要组建相应的教学团队以满足一定的师生比例。同时，也可以通过启用学生助教等方式，安排高年级学生协助教师对低年级学生展开指导，通过以老带新的方式提升教学质量。

二、模拟法庭课程的必要性

当前法学教育愈发重视学生实践能力的培养，模拟法庭课程的设置也恰恰基于此。但从理论层面，为何模拟法庭有必要成为法学学子应当修习的一门课程，甚至应成为基础课程以外的必修课需要加以论证。

（一）模拟法庭有利于贯彻落实习近平法治思想

习近平法治思想是马克思主义法治理论中国化的最新成果，是习近平新时代中国特色社会主义思想的重要组成部分，是全面依法治国的根本遵循和行动指南。坚持建设德才兼备的高素质法治工作队伍是习近平法治思想的核心要义之一，该过程更是将专业化和职业化作为法治人才培养的重要方面，成为新时代我国法学教育的重要目标。

专业化和职业化的法治人才培养，需要重视法学理论与实践的结合。要养成良好法学素养，首先要打牢法学基础知识，同时要强化法学实践教学。[①] 在实践教学中，模拟法庭恰恰为法律学子提供了将知识转化成能力并解决现实问题的契机，成为法学教育当中理论与实践相结合的重要课程平台。

一方面，模拟法庭可以促进学生将理论运用于实践，实现从知识向智识的转化。不同于单一或静态的知识，智识是一种统领知识的智慧，其既强调对知识的储备，也强调对知识的运用。传统法学教育侧重于知识的传授，学生往往只能在书本所提供的框架中建立认识，只会在理论的方寸中沿着经院

[①] 参见习近平：《论坚持全面依法治国》，中央文献出版社2020年版，第177页。

主义的路径展开推演。然而，理论代替不了实践，书本不等于智慧。① 现实世界的复杂多样和法律实践问题频出，使得这种知识型教学方式愈发捉襟见肘。将模拟法庭教学方法引入，有助于学生在对真实案例的分析中发现自身知识储备的短板，在相互讨论与论辩中加深对法学知识的理解和运用，从而将停留在课本中的知识运用到自己的写作与论辩之中，实现理论知识的再体系化并成为自己的智识。

另一方面，模拟法庭可以帮助学生在实践中验证并更新知识，推动理论的更新。新时代的法治人才培养必须首先重视学生对法治知识和法治理论的学习，科学的法治理论对于法治实践无疑具有重要的指导意义，学生掌握了法治理论，可以在法治实践中举一反三地运用其解决具体问题。但是法治实践不是一成不变的，这就要求我们必须及时更新或完善法治理论以满足法治实践的发展变化需要，法治人才培养因而必须面向法治中国建设实践，重视实践教学，而绝不能止步或迷信于既有的法治理论。② 模拟法庭恰恰能给予学生一个实践平台，使其在多样且多变的案例中发现理论学习的不足，进而将其在模拟法庭实践中所积累的经验反哺给理论学习，从而发现并储备最鲜活的案例以更新自己的知识体系和理论储备。

（二）模拟法庭能够加深对法律职业的认知

法律职业共同体包含着法官、检察官及律师等各类职业，各类职业之间尽管同操一种专业语言并秉持同种理论思维，但在具体职业分工上也有所不同。③ 职业选择和规划也往往成为法学院学生面临的困惑之一。模拟法庭作为一种实践性教学活动，学生在参与的过程中既可以通过对不同角色的扮演了解不同法律职业的定位与作用，也可以在实践性训练过程中接触不同行业

---

① 参见刘风景：《法治人才的定位与培养》，载《南开学报（哲学社会科学版）》2017 年第 5 期。
② 参见杨宗科：《习近平德法兼修高素质法治人才培养思想的科学内涵》，载《法学》2021 年第 1 期。
③ 参见张文显、卢学英：《法律职业共同体引论》，载《法制与社会发展》2002 年第 6 期。

的法律人来加深对相关职业的理解。

以刑事模拟法庭为例，通常而言，学生需要分别扮演检察官、辩护人及法官的角色，在某些案件中还需要扮演专业的鉴定人及相关证人。在该过程中，扮演检察官的学生要站在国家公诉人的立场，指控犯罪，维护社会正义，在此基础上展开全方位的诉讼活动。在该过程中，学生将以检察官的思维方式和职业要求，通过对案卷的审阅、证据的分析和法条的梳理对被告人进行正确的指控和量刑建议，并在庭审中通过对被告人的发问和与辩护人的辩论，向法庭作出充分论证。与之类似，扮演律师的学生也要本着辩护人的立场，依法接受当事人委托并尽最大努力为被告人进行辩护，从而有效保护被告人合法权益、保证法律的正确适用。值得注意的是，在模拟法庭中，学生也会根据具体案例扮演性格、职业和背景各不相同的被告人以及诸如法医、鉴定人等具有专业知识的专家证人等。在该过程中，学生有时还需要进行生活体验，去理解不同角色的行事逻辑与内心想法，这无疑为学生提供了走入生活的机会，让他们体会到法律的温度与现实的力度。

除上述角色对学生认知法律职业产生影响外，在模拟法庭的教学和训练中，许多学校还会通过聘请专业的检察官、法官及律师参与授课，从而为法学院的学生提供接触实务工作人员的机会。通过这种实际的接触和交流，让学生们近距离的感受到不同职业的思维方式和工作习惯，可以为他们的择业提供一定的帮助。

三、模拟法庭与传统法学教育的差异

模拟法庭作为一种实践性教学活动，对它的理解与把握还需要通过比较的视角明确其与其他法学教学方式的差异，以凸显其实际价值。尤其在近年来法学教育的改革中，传统法学教育课程也开始在授课中引入部分实践性教学，以及通过大学生辩论赛等方式为提高学生思辨水平提供了训练平台。这些教学活动是否可以取代模拟法庭教学，也是长久以来各方争论的问题。

（一）模拟法庭与课堂教学的差异

模拟法庭作为一种实践性教学活动，其既采用传统课堂教学的知识传输型方式，也在案例的分析与模拟庭审中呈现出一种沟通型教学方式。其之所以能够有效弥补传统法学教育的短板，是因为其与传统课堂教学的差异。

首先，传统课堂教学很多采用纵向灌输式教学方式，模拟法庭则是一种平行对谈式教学方式。传统的课堂教学方式是一种教师身处讲台之上，通过对本学科知识的单向讲授达到教学目的，带有一定的训教色彩，往往会陷入一种呆板且单调的教学模式之中。尽管近年来在课程改革过程中，许多教师都试图通过"对半课堂"或"苏格拉底教学法"[①] 等方式，通过启发式的发问来激发学生学习的热情。但是其仍然受限于课堂教学的知识单向传输的现实困境，使得这种改革多收效甚微。究其原因，在传统课堂教学中，学生依旧是以一种旁观者的身份通过阅读和听讲感知知识与案例，除非教师具有强大的语言能力将之带入课堂，否则很难与学生形成共鸣。但在模拟法庭教学当中，其本身基于现实案例为参与课堂的学生赋予一定的角色，让学生基于角色展开学习与反思，并在对案例的分析中发现问题、检索法律、学习知识并运用技巧。这无疑让被动的接受灌输变成了主动的探索，让参与者学会如何主动运用知识，形成了一种教师与学生在平等地位上通过对谈的方式学习的过程。这既让教师与学生之间拉近了距离，成就了"亲其师，信其道"[②] 的情感接触；也让这种对谈成为一种教学相长的过程，师生各有收获并能够合作达成同一目标，满足了学生学习的快感。

其次，传统课堂教学是一种以知识为导向的授课与考核方式，模拟法庭则是一种以能力为导向的授课与考察方式。随着现代法治社会的构建，法条

[①] 苏格拉底教学法（Socratic method）为古希腊哲学家苏格拉底创立并使用的教学方法。其核心是教师并不直接地把学生所应知道的知识告诉他，而是根据学生已有的知识和经验，通过讨论、问答甚至辩论的方式来揭露对方认识中的矛盾，逐步引导学生最后自己得出结论的方法。参见杨西强：《苏格拉底教学法的现代应用》，载《外国教育资料》2000年第2期。

[②] 参见《礼记·学记》。

和判例的不断扩充与更新使得课堂教学的压力愈发增加,教师在课堂上始终想要竭尽全力将自身所掌握的所有知识教授给学生。并且为了实现这种知识传授的目标,也将知识性的考试作为课程普遍的考核方式,来考察学生是否掌握了课程要求的知识数量。然而,法学教育应当是使学生学会如何去学习和适用法律,而不是单纯地灌输某种既定的、凝固的知识。[1] 因此,课堂上再多的知识传输也无法赶超现实世界法条与案例的更新,教会学生发现问题并解决问题的能力才是法学教育应予重视的,这进一步验证了授人以鱼不如授人以渔的道理。模拟法庭恰恰是一种以能力培养为导向的教学活动,其并不强调对特定知识传授而重点在于对学习与实践方法的学习,并且考察的方式也是以学生完成模拟法庭活动为标准,这恰恰迎合了上述培养目的。

最后,传统课堂教学是一种专业化的教学方式,模拟法庭则是一种综合性的教学方式。在传统的课堂法学教育中,任课老师仅仅讲授一门特别划定的部门法,练习、案例分析和考试也都预设好了范围,因而学生难以在近乎实战的情况下学到法律的综合运用。模拟法庭则把学生置于真实或近乎真实的环境中,有许多法律问题可能是学生尚未学到的或学生无法在隔离开的部门法教学中学到的内容。因此学生必须像真正的司法从业人员那样分析从未碰到过的问题,使用从未学习过的法律。有些内容虽然可能在课堂上已经讲过,但学生甚至是老师则从未想到过如何在实践中使用它。如果我们不提供给学生这种融会贯通的实战机会,学生就只能学到零散的、片断的、割裂的凝固知识,这显然无法适应生动变化的法律实践对现代法学教育的要求。模拟法庭要给学生提供的恰恰是这种传统课堂教学忽视或无法提供的机会和训练,实现知识从掌握到运用的跨越。[2]

(二) 模拟法庭与辩论赛的差异

在模拟法庭授课中,经常有学生或老师认为其与大学生辩论赛并无差异。

---

[1] See Anthony G. Amsterdam, *Clinical Legal Education: A Twenty - First - Century Prospective*, 34 Journal of Legal Education, 615 (1984).

[2] 参见王晨光、陈建民:《实践性法律教学与法学教育改革》,载《法学》2001 年第 7 期。

但从现实比赛和训练看，模拟法庭主要分为法庭调查和法庭辩论两大阶段，而大学生辩论赛则是读者熟悉的活动，这两者虽然都冠以"辩论"，但仍存在诸多不同：

第一，大学生辩论赛的赛题通常只有一句话，参与者确定持方后寻找论据，在这个过程中，参与者可以运用多学科知识为论点提供依据，因此，大学生辩论赛对参与者最大的要求是知识面广。而模拟法庭以案卷为基础，控辩双方必须围绕案卷材料和法律规定展开辩论，参与者的知识面并非模拟法庭的首要关注内容。

第二，正是基于上述原因，大学生辩论赛的辩点很难集中，如果其中一方对对方所陈述的内容毫无准备或所知甚少，双方很难围绕这一点形成争论，容易形成"顾左右而言他"的局面。而模拟法庭的争议焦点集中，在全国赛模式中，在第一轮法庭辩论结束后，由审判长总结双方争议焦点，控辩双方必须要围绕争议焦点展开第二轮辩论，这是一个"拼刺刀"的过程，没有回避的余地和可能，参与者必须先有对案卷材料的准确把握后才能展开有效辩论，否则再精彩的辩论也是南辕北辙，因此，相比较而言，大学生辩论赛更容易通过较高的语言表达能力获胜。

第三，正是基于上述原因，模拟法庭的法庭辩论环节中表演成分更少。因大学生辩论赛无法对事实展开分析，因此其考察重点只能落脚在参与者的辩论能力上，同时，因辩点较难集中，这就导致辩论活动的表演性较强，参与者为赢得评委好感，会综合运用多项辩论技能。而在模拟法庭活动中，因为法庭辩论仅仅是模拟法庭的一个组成部分，而且法庭辩论要以法庭调查为基础，因此，在这一阶段，评委更侧重于考察参与者的观点是否与之前的法庭调查相吻合，是否围绕辩点展开辩论，对对方观点的反驳是否有力等与真实庭审相一致的考核点，如果参与者回避争议焦点，习惯于运用多种辩论技巧，亦可能会南辕北辙。

总之，相比一般辩论赛而言，模拟法庭更注重首先考查参与者对案件事实的运用能力、对案件证据的分析能力以及对法律适用的理解与把握能力，其次才是选手的语言表达能力以及团队协作能力。正是基于这些差异，相比较大学生辩论赛，模拟法庭的门槛高，观赏性不强，现阶段大学生学习任务重，就业压力大，外界诱惑多，要在校园内推广模拟法庭活动，需要久久为功。

当然，这两者也存在诸多共同之处，如都考核参与者立场是否坚定、观点是否鲜明、逻辑是否严密、论证是否有力、反应是否敏捷，表达是否流畅、仪态是否端庄。因此，相比较没有辩论基础的同学，有辩论基础的参与者在刚参与模拟法庭活动时，会有一定优势，但如果认识不到前述区别，这一优势会逐渐消逝殆尽。

第二节 刑事模拟法庭的基础与目标

模拟法庭作为一种实践性教学活动，其在与不同学科的结合中呈现出不同的形式。近年来，包括全国大学生模拟法庭竞赛、威廉·维斯国际商事仲裁模拟仲裁庭比赛（Vis Moot）以及杰赛普国际法模拟法庭大赛愈发得到各方关注，相关比赛也因类型不同而分为刑事、民事及国际法模拟法庭或仲裁庭比赛。本书作为以全国大学生模拟法庭竞赛为基础，专注于刑事模拟法庭竞赛的教材，接下来将重点聚焦有关刑事模拟法庭的授课与训练。

模拟法庭的教学与训练活动的开展，需要学生具备一定的基础。这其中既需要学生具备一定的知识基础，也需要学生在参与过程中具备一定的思维，从而才能更好地参与模拟法庭训练，并提升自己的知识与能力。基于学生的自身基础，模拟法庭教学将从自身目标出发对学生能力进行培养，以助力学生成为一名合格甚至优秀的法律工作者。

一、刑事模拟法庭的知识基础

从境内外相关模拟法庭课程的开设经验看，其主要针对的是具有一定知识储备的高年级学生。这主要是由于在缺乏必要知识储备的前提下，学生缺乏对法学和相关分支学科的总体认知和基础知识的掌握，无法参与具体的案例分析和技能运用。仅从刑事模拟法庭来看，学生所需要具备的知识基础主要有以下几点。

（一）法理学

法理学作为整个法学体系的基础学科，是任何法学专业学生的必修课，也往往是学生接触的第一门法学专业课程。法理学作为统摄整个法学学科的理论基础，它既具有对法律知识和技术的总结功能，也具有将法律上升至哲学范畴的路径功能。[①] 对于模拟法庭课程而言，作为以本科生为主要授课对象的实践导向学科，更多的需要学生通过对法理学知识的学习，掌握分析法律问题的知识与技术的能力。因此，模拟法庭需要法理学的知识基础重点集中在以下几个方面。

一是法律问题的归类。法律工作者的重要使命，便是通过在事实与法律之间的穿梭中解决问题。[②] 然而，现实世界中的问题复杂多样，法律知识的内容浩如烟海，故在解决问题的过程中首先需要在现行法律体系框架中，明确何种问题应归类于哪一或哪几类法律范畴，从而调配相关知识来解决问题。这实际上是一种将现实问题转化为法律问题的过程，是一种通过法律的规范化表述对实际问题的描摹。例如，在交通肇事罪的案件处理过程中，许多案件除了会涉及刑法，还会涉及《道路交通安全法》《行政处罚法》等其他法律，这便需要学生具有相应的归类知识来确定以何种知识分析问题。

二是法律解释的方法。法律的适用关键在于法律的解释，这在大陆法系成文法国家当中更为重要。法律解释应是法律工作者按照法律的规范意旨，运用法律思维方式，在法律适用过程中，对与案件相关的法律和事实的意义

[①] 参见张文显：《法理：法理学的中心主题和法学的共同关注》，载《清华法学》2017年第4期。

[②] 参见孔红：《司法论证的逻辑模式》，载《政法论丛》2008年第2期。

所作的阐明。① 在法理学的知识谱系中，法律解释方法的归纳与总结占据重要位置。如扩大解释、缩小解释、体系解释、目的解释与历史解释等各种方法，都有着特定的适用方法与限度，关系到法律工作者适用法律解决问题的过程并直接影响着法律争议解决的实体结果。因此，在参加模拟法庭时，学生应当通过前期对法理学的学习掌握相关方法，从而在实践中加以运用。

三是法学理论的阐述。模拟法庭是处理现实案件的过程，在整个过程中各方的论辩是重要的呈现方式。法律的辩论中，归根结底都是对法理的辩论。即控辩双方站在各自的立场之上，基于现行法律规范和案件事实说服法官支持己方立场。因此，在模拟法庭的辩论当中，应倡导学生不能仅仅囿于法律的窠臼之中，而应通过对常识、常情、常理的分析来说服和打动法官。这就需要学生借助于法理学下不同的理论范式，选择适当的路径和方法以正确的理据进行阐释，因而需要学生在参与模拟法庭之前有所掌握，并在模拟法庭的训练中进一步提升。

（二）刑法学

在刑事模拟法庭教学与训练过程中，刑法学是最为核心的主干课程。学生在案例的分析中应以刑法学知识为基础，对被告人的行为作出定性并确定相应的刑罚。该过程既涉及刑法总论对犯罪构成的解构与分析，也涉及刑法分论中具体罪名的准确适用和刑罚的确定，同时也需要在具体的运用中将罪刑法定、疑罪从无等原则贯彻其中。

刑法总论作为刑法的理论基础在整个刑法学中具有重要的基础性作用，故而也成为刑事模拟法庭考察的重点内容。以全国大学生模拟法庭竞赛为例，大量的赛题均围绕刑法总论中的理论难点与重点展开设计。从相关赛题的设计方式看，往往案件的争议焦点主要是在犯罪主观层面和客观层面各取一个。在犯罪的主观层面，其往往涉及犯罪的故意与过失的界分问题，考察的深度

---

① 参见陈金钊：《法律解释及其基本特征》，载《法律科学（西北政法学院学报）》2000年第6期。

则更加细致，往往需要学生从认识因素和意志因素两方面对直接故意还是间接故意、疏忽大意过失还是过于自信过失予以明确，这就需要学生具有良好的理论基础。而在客观层面的考察中，相关赛题多围绕因果关系问题展开。因果关系是刑法理论中的关键问题，也是中国司法实践中最容易产生分歧的方面。① 所以在相关赛题中，出题者往往会基于案情对不同因果关系理论进行考察，这也成为在模拟法庭比赛中理论性较强的一部分，需要学生具备相对全面的知识储备并掌握不同学说之间的差异。

刑法分论主要涉及具体罪名的分析，对于学生而言，重点应具备确定罪与非罪和此罪与彼罪的能力。在刑事辩护中，主要存在无罪辩护和罪轻辩护两种类型，在整个辩护过程中控辩双方本质上都是围绕着刑法分论的具体内容展开，故而对该部分知识的积累尤为重要。从全国大学生模拟法庭竞赛历年题目设计来看，相关赛题设计往往会涉及过失致人死亡罪、故意伤害罪、故意杀人罪等在犯罪行为上具有极大相似性的罪名，也有相关赛题将职务犯罪和金融犯罪纳入考察范畴，这大大加大了考察难度。

除了对刑法总论和分论的考察，对刑法相关原则的考察也贯穿于整个模拟法庭当中。刑法原则统摄整个刑法体系，尤其需要在刑法具体条文的解释与适用中予以贯彻。② 尤其是对于担任辩护人的学生而言，如何充分借助罪刑法定、疑罪从无等基本原则，在举证质证、法庭辩论等环节进行充分说理，以打动法官秉持刑法原则之意旨作出裁判，能够彰显出学生的基本知识储备和法律运用的能力。

（三）刑事诉讼法学

刑事诉讼法学是刑事模拟法庭的另一主干学科。过去，重实体法而轻程序法的现象③使学生对刑事诉讼法等程序法的学习重视程度不够，应用能力

---

① 参见陈兴良：《刑法因果关系：从哲学回归刑法学——一个学说史的考察》，载《法学》2009 年第 7 期。
② 参见周少华：《刑法解释的观念和方法》，载《东方法学》2009 年第 2 期。
③ 参见陈学权：《论刑事诉讼中实体公正与程序公正的并重》，载《法学评论》2013 年第 4 期。

有待提升。模拟法庭的教学与实践，恰恰能在某种程度上改变这一现象，促进学生对诉讼法的重视，提升应用程序法的能力。在刑事模拟法庭中，有关刑事诉讼法学的知识考查主要集中于证据法。

由于模拟法庭是对真实司法活动的再现，故其有着天然的局限性。由于模拟法庭提供的案卷材料默认真实且合法，以避免真实案件办理过程中的补充侦查等问题，故而有关侦查程序的相关内容并不在模拟法庭的考察范围当中。同时，模拟法庭依据现行《刑事诉讼法》规定而推进，故在法庭程序上也基本不会产生过多的辩论。所以，对于刑事诉讼法的考察主要集中于法庭调查阶段，并且围绕部分证据规则展开。

从考察的内容来看，对证据法的考察主要集中于让学生明确控辩双方的证明责任，以及案卷中提供的相关证据的证明力。刑事诉讼的证明责任主要由公诉方承担，公诉方应当基于提供的案卷材料构建相对完整的证据链条并达到排除合理怀疑的标准以论证被告人构成犯罪。而辩护人则需要围绕公诉人出示的所有证据，在举证质证环节通过关联性规则等证据规则来验证相关证据的证明力，从而有效维护当事人合法权益并帮助法庭厘清犯罪事实并作出正确的定罪与量刑。

（四）刑事科学

除刑法学和刑事诉讼法学以外，对于相关刑事科学的涉及也是考察模拟法庭参与学生基本素养和能力的重要方面。从全国大学生模拟法庭竞赛的题目看，多数暴力型犯罪中会涉及诸如法医鉴定报告、伤情鉴定报告等材料，经济类犯罪中会涉及有关银行转账流水、合同笔迹鉴定报告等，故而都需要学生具备相应的知识储备。

例如，在许多暴力型犯罪中，被害人死亡原因的鉴定直接关系犯罪客观方面中因果关系的确定。在某些案件中，公诉方一旦指控被告人以某种方式伤害被害人，相关行为的特征应当与尸检报告的死亡原因分析形成印证，否则便难以排除合理怀疑。这就需要控辩双方具备解读尸检报告的能力，并且具备将其转化为法庭能够接受的语言进行说明的能力。同时，在模拟法庭中经常会要求学生扮演法医并出庭作证，扮演法医的学生能否具备专业水准并应对对方及法庭的询问至关重要，这也成为考察学生能力的重要方面，是比赛的重要得分点。

二、刑事模拟法庭的思维基础

从知识向智识的跃进需要具备一定的思维，① 因而在参与刑事模拟法庭的过程中除应具备一定的知识储备外，更需要掌握一定的思维以满足模拟法庭训练的基本要求。这些思维往往是经过初步法律培训便能掌握的，也是模拟法庭所重视的。

（一）逻辑思维

法律思维是法律职业者依循法律逻辑，以价值取向的思考、合理的论证，解释适用法律的过程。② 因而，无论是在模拟法庭教学与训练中，还是进入法律理论与实务工作中，法律工作必须讲求逻辑，逻辑思维是作为法律人的基本思维。

在大陆法系成文法框架下，法律的逻辑思维首先强调一种概念思维，即通过对概念内涵与外延的把握明晰法律适用的边界，以实现对知识和问题的归类。法律概念是法律规范和法律制度的建筑材料，③ 这决定了概念思维在整个法律逻辑思维中的基础作用。在刑事模拟法庭训练中，当面对某一案例时，学生应对其作出某种初步判断，以确定以何种罪名对行为进行定性。一般而言，学生需要基于整个案件事实对该行为的大体性质进行归类，尤其要基于刑法分论的罪名类型作出定位。在聚焦某一类罪名后，结合行为的具体情况更要进一步确定具体的罪名，并对此罪与彼罪作出清晰界定。在该过程

---

① 参见陈金钊：《对"法治思维和法治方式"的诠释》，载《国家检察官学院学报》2013年第2期。
② 参见王泽鉴：《民法思维：请求权基础理论体系》，北京大学出版社2009年版，第1页。
③ 参见［德］伯恩·魏德士：《法理学》，丁小春、吴越译，法律出版社2003年版，第94页。

中，如果学生缺乏概念思维则很难完成，由此导致后续的活动也无法开展。

其次，法律逻辑思维包括类型化思维，这是对概念思维的一种补充。概念的抽象性往往难以直接适用于千变万化的具体生活，类型化实际上是在具体和抽象之间寻求一个平衡点，有助于实现法的安定性与个案正义之间的平衡。[1] 在模拟法庭活动中，类型化思维指导着学生在作出案件初步定性后，通过对相关类案的比对进行精细化的归类，要求学生在处理结果上应参照相关类案的论证逻辑和裁量尺度，提升结论的准确性和合理性。

最后，法律逻辑思维应强调体系思维。法学作为一种系统化的学科，有着自身的体系框架。尤其在大陆法系中，法律的体系化指引着法律人理解与适用法律，[2] 故而需要掌握体系思维。在体系思维中，关键在于掌握以大前提、小前提和结论构成的三段论推理模式。其中大前提是法律规范，即在选择和适用法律过程中，应当具有规范思维找寻符合案件事实的规范。小前提则是案件事实，即将事实进行解构和分析以实现与规范要件的对应。在规范与事实的穿梭中得出结论，是体系思维对法律论证的直接结果。这种推理过程亦适用于模拟法庭的案例分析中，是模拟法庭活动的必备思维。

（二）程序思维

程序，从法律学的角度来看，主要是按照一定的顺序、方式和步骤来作出法律决定的过程。[3] 其既要求各方按照某种标准和条件整理争论点，公平地听取各方意见，在使当事人可以理解或认可的情况下作出决定；也倡导通过促进意见疏通、加强理性思考、扩大选择范围、排除外部干扰来保证决定的成立和正确性。程序思维恰恰是沿着程序的内涵与要求而形成的思考方式，

---

[1] 参见王利明：《论法律思维》，载张桂琳主编：《中国法学教育研究》2012 夏季论文集，中国政法大学出版社 2012 年版。

[2] 参见［美］约翰·亨利·梅利曼：《大陆法系》（第 2 版），顾培东、禄正平译，法律出版社 2004 年版，第 66 页。

[3] 参见季卫东：《法律程序的意义——对中国法制建设的另一种思考》，载《中国社会科学》1993 年第 1 期。

是包括法律工作者基本的思维方式,也是模拟法庭教学与训练的重点关注所在。

首先,程序思维要求具备标准意识。法律作为以实现公平正义为根本目的的工具,如何达成正义是千百年来争论的焦点。在近代社会科学领域,对正义的研究始终绕不开罗尔斯的正义理论体系。该体系则是以程序正义为导向,并以纯粹程序正义为核心,强调决定正当结果的程序必须被实际的执行。① 程序法的存在恰是将抽象的真实正义转化为可视化的程序正义,而实现程序正义则必须坚持标准化的方式,分步骤、按情况、依程度地推进司法活动。因此,在参与模拟法庭的过程中,学生应以程序规则为标准按步骤的推进对整个案件的分析、证据的运用和具体的辩论,听从教师依据程序的指导和安排,从而得出符合法律规定的定案结论。

其次,程序思维要求具备平等意识。正当程序原则首先强调参与各方的地位平等,这就强调在模拟法庭活动中无论扮演何种角色都应当依法尊重对方的合法权利。尤其在现实刑事诉讼活动中,大量的案件或许存在控辩双方关系扭曲导致辩护人权利难以伸张的情况。模拟法庭作为一种理想化的刑事诉讼活动,其倡导依法维护控辩双方的地位平等,进一步顺应以审判为中心的司法改革趋势。② 所以,在模拟法庭中,控辩审三方都应当立足法律赋予其的职责,在恪守平等中立的立场上推进程序。尤其要防范公诉方压制辩护方并影响其充分表达的权利的情况,实现真正的地位平等。

最后,程序思维要求具备沟通意识。现代程序以民主社会商谈理论为根基,强调各方主体的参与,其核心是一种论证过程,即强调通过程序主体充分对话,确保结果的无成见性。③ 因此,程序思维要求参与模拟法庭的各方不仅是通过针锋相对的辩论来明晰法理,更要求在一种合理的沟通中凝聚共识,帮助法庭查明事实并作出公正合理的定罪与量刑。这也要求控辩双方在

---

① See John Rawls, *A Theory of Justice*, The Belknap Press of Harvard University Press, 1999, p. 75.
② 参见龙宗智:《"以审判为中心"的改革及其限度》,载《中外法学》2015年第4期。
③ 参见吴英姿:《关于法律解释的程序思维》,载《理论探索》2020年第6期。

整个庭审过程中不是以驳倒对方为目的，而应以说服裁判者为最终目的。秉持着沟通的程序思维，模拟法庭的推进更凸显出一种基于规则的协商共识，实现了协商中的论辩和论辩中的共识。

（三）证据思维

在规范与事实之间穿梭的司法活动，除了需要对规范即法律条文的解释与适用，对事实的认定也是司法活动的重要内容。然而，对事实的再现应以证据为依凭，裁判者运用证据认定事实的思维过程构成一种证据推理。[①] 在诉讼活动中，裁判者对证据的使用将受到控辩双方论证的影响，因而参与诉讼活动各方都应当具备基本的证据思维以保证事实的查明。该过程既要关注证明责任与证明标准，也要关注证据的资格和证明力，并聚焦证据的合法性、客观性和关联性。

证明责任与证明标准是诉讼活动中的重要内容，也是模拟法庭教学与训练的重要考察点。在刑事诉讼当中，证明责任主要由公诉方承担，而证明标准则以排除合理怀疑为准。[②] 在二者的影响下，模拟法庭所要求的证据思维首先是一种责任思维，即参与方应当摆正自己在模拟法庭中的地位并承担该地位所要求的责任。具言之，公诉方应当全面客观的建构证据链，并满足相应的证明标准。而辩护人则应当围绕排除合理怀疑的标准，合法正当地进行质证，尤其要防范无依据的纠缠从而影响庭审的推进。

证据资格也称证据能力，主要指在法庭审理中为证明案件事实而将有关材料作为证据使用的资格，其关涉证据的可采性或适格性。其要求使用证据者首先应考虑一份材料能否纳入本案查明事实的证据库中，当一份材料不满足相关证据规则而不具备证据资格时，具有证据思维的法律人便不会随便纳入审查范围，这便是证据思维所要求的排除性思维。关于证据资格的判定，

[①] 参见封利强：《我国刑事证据推理模式的转型：从日常思维到精密论证》，载《中国法学》2016年第6期。

[②] 参见张保生主编：《证据法学》（第3版），中国政法大学出版社2018年版，第352—360页。

则需要以相关证据规则为标准，其往往涉及传闻证据规则、非法证据排除规则、最佳证据规则以及意见证据规则等。并且在法庭调查阶段，控辩双方主要围绕着证据的合法性和客观性展开。当然，在模拟法庭中，按照规则均默认证据是真实合法的，故其并不会在模拟法庭中产生过多影响。

证明力则是指一份具有证据资格的证据能够证明案件事实的程度。当一份材料具备成为证据的资格后，则需要关注该证据与待证事实之间的关系，这便关系证据思维中的关联性建构思维。在证据法下，证明力主要涉及的证据规包括关联性规则以及补强证据规则等。而在举证质证环节，双方主要围绕证据的关联性展开论辩，这也是模拟法庭对证据法的主要考察点。

三、刑事模拟法庭的培养目标

刑事模拟法庭教学与训练活动的开展，是在学生具备一定法律知识与思维基础的前提下，通过科学完备的训练方式对学生知识、思维和能力水平的再提高。因而需要明确该课程的培养目标，有的放矢地展开教学与训练。从模拟法庭教学与训练内容来看，培养目标主要有以下几点。

（一）提升事实归纳能力

根据最高人民法院确定的诉讼文书样式，法院作出裁判所依据的事实由"经审理查明"和"认定上述事实的证据如下"两部分组成，大多数判决书难以做到事实与证据一一相对应。在控辩双方对事实无争议的案件中，这并不会带来多大问题，但在司法实践中，大量的争议集中在事实和证据部分，尤其是在辩护人作"事实不清、证据不足"的无罪辩护时，这种表述模式难以体现法庭审理中的举证质证过程，不可避免地给其中一方乃至社会公众带来困惑。例如，公诉人为指控某一事实，向法庭出示了三组证据。辩方在质证和辩论时，针对这三组证据的矛盾之处以及其他证据与这三组证据的冲突作了详细说明，以论证该事实并无证据印证或达不到证明标准的要求。法庭综合考虑后作出支持公诉机关观点的决定，从逻辑上讲，法庭必然应当回应辩护人的前述质疑，但在大量的判决书中却并非如此，常见判决书的写法是在"经审理查明"部分陈述这三组证据印证的案件事实，在"认定上述事实的证据如下"部分罗列前述的三组证据，但对辩护人的质证意见要么不予回应，要么以"辩护人提出的辩护意见于法无据，与事实不符，本院不予采纳"予以回应。但控辩双方在法庭上大都基于自己的立场对证据展开了详细的分析，在立论的同时不可避免地涉及驳论，这一庭审中的重要组成部分在实践中较难在判决书中得到体现。

模拟法庭活动可以锻炼这一对证据分析从而支持本方立场的能力，在这一过程中，双方队员基于案卷材料所载证据以及相关的法律规定展开立论和驳论，能够有效地融合证据法原理以及相关法律规定。

现以2018年全国大学生模拟法庭竞赛1号案例予以说明。被告人系出租车司机，在乘客的催促下靠边停车，乘客开车门时将骑助动车的被害人撞倒在地。被害人当时意识清醒，在救护车将被害人送往医院后，被告人即驾车离开现场，被害人住院治疗1月后死亡，交警认定被告人承担事故的全部责任。赛题要求控方指控被告人构成交通肇事罪，辩方作无罪辩护。根据《最高人民法院关于审理交通肇事刑事案件具体应用法律若干问题的解释》，被告人要构成交通肇事罪，必须负事故的全部或者主要责任，控方考虑到乘客、被害人在这起事故中的作用，决定指控被告人负事故的主要责任，辩方要作无罪辩护，必然要强调乘客、被害人在这次事故中需承担相应责任，以论证被告人不构成交通肇事罪。

这一立论的基础来自于最高人民法院的司法解释，但如何论证则需要对案卷材料通盘考虑（如案发现场未得到有效保护，乘客与被告人的陈述存在矛盾之处）后结合相关规定展开，如交通法规中对乘客的要求、对驾驶员靠边停车的要求、对非机动车驾驶人的要求，参与者必须综合上述证据和法律规定展开论证，任何结论都必须有证据和法律规定为依据，否则结论就是"无源之水，无本之木"。[①] 必须指出的是，在分析认定证据时，不可避免地

---

① 参见陈兴良：《为辩护权辩护——刑事法治视野中的辩护权》，载《法学》2004年第1期。

运用到常识和逻辑,但这是奠定在固定、了解、分析证据的基础之上,在没有对证据进行充分了解之前,运用所谓的常识和逻辑就案件事实得出某一结论,该结论并不可靠。

上述论证过程就是真实庭审中控辩双方的论证过程,其中对法律的解释通过传统的法学教育可以实现,但通过梳理证据并结合对法律规定的解释来获得有利于本方的立场并加以论证,传统的法学教育难以传授,也少有日常生活场景能够锻炼这一能力。这一能力,在常见的辩论赛以及前述的以固定事实为基础的模拟法庭活动中也难以锻炼。

简言之,传统法学教育所锻炼的能力不包括发现事实的能力,因为对案件事实的判断,不仅需要证据法知识,还需要运用公知事实、经验法则和逻辑法则——事实判断不是一个专业问题,而是一个经验问题——模拟法庭活动锻炼的首要能力是"用证据说话"的能力,是用证据来构建构成要件事实的能力,是结合案件相关证据与法律规定反驳对方观点的能力。

(二)提升法律检索能力

在总结归纳事实之后,沿着司法三段论的基本逻辑便需要找寻规制案件事实的法律条文。在浩如烟海的法律规范中,如何准确地找到本案所适用的法条,是所有法律工作者在处理法律问题时都会面对的前置性问题,因而需要培养学生具备法律检索的能力。法律检索能力的培养主要聚焦以下三个方面。

首先,掌握主要法律数据库的使用方法。随着互联网技术的发展,目前法律检索的难度已经大大降低,依靠电子化的数据库基本可以完成基本的法律检索要求。① 从刑事模拟法庭的视角出发,学生手中应当拥有一本最新且相对全面的《刑法》和《刑事诉讼法》,这两本法典是参与刑事模拟法庭的必备手册。而从使用便利度来看,法律出版社出版的《刑法一本通》和《刑事诉讼法一本通》基本包括了刑事模拟法庭所需要的主要法律条文和司法解

---

① 参见董青梅:《互联网时代对法律方法的影响》,载《甘肃理论学刊》2015年第5期。

释,并且在归纳和总结上便于学生使用。除上述两套工具书外,学生还应掌握相关数据库的使用方法。从笔者授课和指导训练的经验看,北大法宝、法信和中国知网是主要的检索数据库。其中,北大法宝能够实现法条、司法解释和案例的一站式搜索,便于学生快速高效地完成目标检索。法信由于是最高人民法院开发的数据库,故可查找大量的指导案例及最高人民法院对法律和司法解释的释义。中国知网则是学生在遇到某些理论疑难问题时,检索相关理论文章的重要数据库,对于提升学生理论研究能力具有重要价值。

其次,掌握凝练法律检索关键词的能力。选择准确精练的关键词在数据库进行检索,是提升检索效率和准确度的重要方面。[①] 在关键词的选取上,一方面,学生要达到将案涉争议或事实归纳总结为法律术语的能力,从而对案件争议点作出相对精准的归类和定位。例如,面对当事人通过暴力手段夺取被害人财物这一事实片段时,学生应当及时反应出该事实在刑法理论上或许会构成抢夺罪或抢劫罪,故而应以上述两个关键词进行检索。另一方面,学生要具有就同一案件事实归纳总结多个关键词的能力。因为案涉事实往往会涉及法条竞合等情形,并且在构成要件上需要全面精细的分析,故而需要通过多个关键词的检索来逐一排查。例如,在抢劫罪的检索中,除了要对该罪进行总体检索,还可能涉及非法占有目的、故意的形态及因果关系判断的问题,需要其他关键词进行辅助检索。

最后,掌握总结分析法律检索结果的能力。经过法律检索以后,学生将从数据库中获得一定数量的法律检索结果。面对这些结果,如何选取对案件具有参照价值的材料并通过分析适用于案件是学生应具备的能力。在法律检索结果的分析上,学生应达到全面、准确和条理三个标准。全面强调学生应对检索结果进行全面的阅读,对与本案有关的法条、法理和案例有着总体的把握,不可忽略本案关键法条和理论。准确是基于前述全面的阅读后,选取符合本案情形的材料展开精细化阅读与分析,从而实现法条的准确适用以及

---

① 参见吕玉红:《法律检索初探》,载陈金钊、谢晖主编:《法律方法》(第9卷),山东人民出版社2009年版。

适用中的精准分析。条理则强调应按照一定的顺序厘清相关检索结果，从而使其论证具有逻辑性。一般而言，检索结果可以按照法律的位阶进行梳理，也可以按照犯罪构成要件进行梳理。①无论采用何种方式都应做到逻辑清晰、层次分明，为后续的文书写作和法庭表达进行铺垫。

（三）提升写作表达能力

写作与表达同属于一种知识和观点输出的过程，这是法律工作者的核心能力，也是模拟法庭教学与训练的重要目标。尽管法律写作与语言表达仍然具有各自的特性，但在总体上二者追求的培养目标基本一致，即应达到规范性、准确性和逻辑性三个标准。

规范性强调写作和表达应按照一定的范式进行。法律写作具有一定的程式化要求，法律写作课程也是法学教育的重要内容之一。在模拟法庭竞赛当中，往往会就文书进行单独的评分，其首要的标准便是是否符合相关法律文书的格式要求。首先，文书体例应满足法定或行业通行的写作标准，有关公诉意见、起诉书等应当按照最高人民检察院印发的《人民检察院工作文书格式样本》进行。而有关辩护意见概要等文书，则应当基本满足律师行业的文书基本格式要求。其次，文书的字体字号、行距段距、落款编号等细节性问题也在法律文书的评比中占据一定分值。法律行业追求工作的精细严谨，而上述方面恰恰是体现法律工作者工作态度与能力的重要方面，因此应当格外重视对学生相关能力的培养。而在法庭表达当中，有关开庭陈述、举证质证以及法庭总结等都存在一定标准化表达方式。

准确性强调写作与表达必须严谨有据。司法活动是穿梭于法律与事实之间的论证活动，无论是写作还是表达都应当以事实为依据、以法律为准绳，因而每一个观点的提出都应当有法条和理论的依据，每一个事实的凝炼都应当有证据支撑。如果在缺乏法律和事实依据的情况下贸然提出某些观点，则

---

① 参见于丽英、韩宁：《中国法律检索教育的新发展》，载黄进主编：《中国法学教育研究》2016年第2辑，中国政法大学出版社2016年版。

极易被对方或法庭识破进而使得各方对学生的专业性产生质疑，不利于比赛的得分甚至危害其职业发展。所以，在相关文书写作和法庭表达中，模拟法庭倡导学生在对某一观点进行论证时，应沿着"观点—论据"的基本逻辑展开，在论据的使用中应尽量做到事实和法律相结合，实现事实的准确归纳和法条的准确适用。

逻辑性强调在写作与表达中充分贯彻"大前提—小前提—结论"的司法三段论逻辑，保证整个文书或者表达能够具有层层递进的效果，围绕观点抽丝剥茧进行表达使得合议庭和对方能够清楚归纳观点。

从域外法律写作和表达的训练来看，IRAC 法是较为常用的法律写作与表达逻辑体例。其中，"I"指代问题（Issue），要求表达者必须明确案件所涉的争议问题为何；"R"指代规则（Rule），要求表达者在确定问题后明确分析问题的法律规则为何；"A"指代适用或分析（Application/Analysis），要求论证规则适用于相关问题的原因与理据；"C"指代结论（Conclusion），要求表达者要根据法律大前提与事实小前提推导出法律结论。[①] 当然，目前随着法律实践的发展，相关表达方式也有所更新。但在总体上，该方式仍然是整个法律表达中的基本逻辑，需要在模拟法庭的训练中予以重视。

第三节　刑事模拟法庭的基本框架

在明确刑事模拟法庭的概念、基础和目标后，仍需要对刑事模拟法庭的基本框架作出检视。本节笔者将以全国大学生模拟法庭竞赛为蓝本，重点介绍刑事模拟法庭的主要环节和庭审模式，并且基于各个环节特性明确参与者应达到的基本要求。

[①] 参见熊明辉：《IRAC 方法及其逻辑辩护》，载《山东大学学报（哲学社会科学版）》2010 年第 6 期。

一、刑事模拟法庭的环节与结构

刑事模拟法庭作为对刑事庭审活动的再现，其在基本框架中既包括各个环节组成的线性流程，也在庭审中形成了以控、辩、审三方为主体的诉讼模式。然而，作为一种再现，其仍然与真实刑事庭审存在差异，因而需要进一步明确。

（一）刑事模拟法庭的主要环节

刑事模拟法庭的线性流程主要由开庭准备、法庭调查、法庭辩论和被告人最后陈述四个环节组成，各自环节有着其特有的功能，这也决定了在相关环节参与者的行为是有所差异的，故应在总体上加以介绍。

1. 开庭准备

《刑事诉讼法》第 190 条第 1 款规定："开庭的时候，审判长查明当事人是否到庭，宣布案由；宣布合议庭的组成人员、书记员、公诉人、辩护人、诉讼代理人、鉴定人和翻译人员的名单；告知当事人有权对合议庭组成人员、书记员、公诉人、鉴定人和翻译人员申请回避；告知被告人享有辩护权利。"

在模拟法庭中，本环节主要由书记员协助合议庭完成，而被告人则应当根据案卷材料熟记个人信息，这也是评判参赛队伍对细节把握的重要方面。

2. 法庭调查

《刑事诉讼法》第 191 条规定："公诉人在法庭上宣读起诉书后，被告人、被害人可以就起诉书指控的犯罪进行陈述，公诉人可以讯问被告人。被害人、附带民事诉讼的原告人和辩护人、诉讼代理人，经审判长许可，可以向被告人发问。审判人员可以讯问被告人。"

在模拟法庭中，法庭调查阶段是控辩双方的首次交锋，其主要包括控辩双方宣读起诉书和答辩意见概要、发问被告人、举证质证三个部分，该部分的作用是查明案件事实并固定本案证据，从而帮助合议庭确定争议焦点。

3. 法庭辩论

《刑事诉讼法》第 198 条第 1 款、第 2 款规定："法庭审理过程中，对与定罪、量刑有关的事实、证据都应当进行调查、辩论。经审判长许可，公诉人、当事人和辩护人、诉讼代理人可以对证据和案件情况发表意见并且可以互相辩论。"

在模拟法庭中，该环节是充分展现控辩双方能力的核心环节，也是决定模拟法庭比赛比分的关键环节。在该环节中，控辩双方基于合议庭总结的争议焦点，结合事实与法律进行充分辩论，以期说服合议庭作出公正的判决。

4. 被告人最后陈述

《刑事诉讼法》第 198 条第 3 款规定："审判长在宣布辩论终结后，被告人有最后陈述的权利。"

该环节在模拟法庭中是被告人集中展现的环节，也是赋予辩护方再次强调立场并进行总结的机会。在该过程中，扮演被告人的选手不同于真实庭审中的被告人，其也是具有基本法律知识和辩论能力的学生，如果发挥出色亦可以为己方增色。

（二）刑事模拟法庭的诉讼模式

在传统视角下，中国的刑事诉讼模式采用了大陆法系的职权主义，即由法官主导整个庭审而控辩双方居于从属地位，区别于以当事人为主导的当事人主义。然而，随着刑事诉讼模式的改革，我国也渐趋吸收当事人主义的优势并对职权主义进行改良。[1] 尤其是在以审判为中心的诉讼制度改革中，其更要求法官摆脱对案卷笔录的依赖，落实证人、鉴定人出庭作证的机制，并在控辩双方的对抗中形成心证。[2] 这无疑都凸显出对职权主义的吸收与借鉴，要求法官进一步尊重控辩双方的职能。

模拟法庭作为一种对真实庭审的再现，在规则设计和实际运行中实际上

---

[1] 参见龙宗智：《论我国刑事庭审方式》，载《中国法学》1998 年第 4 期。
[2] 参见叶青：《以审判为中心的诉讼制度改革之若干思考》，载《法学》2015 年第 7 期。

也带有某种对理想化庭审的描摹，因而更加弱化了职权主义诉讼模式的色彩并进一步为当事人主义作出伸张。具言之，在模拟法庭中，身居审判台担任法官的评委在整个过程中主要承担一种程序的协调和推进功能，对于案件实体争议不过多介入。在法庭调查阶段，法官并不会过多地向被告人及控辩双方提问，也不会主动就证据问题进行核实。只有在控辩双方就某一特定问题争执不下导致程序难以推进时，法官才会主动介入并依职权推动程序。在法庭辩论阶段，法官更不会介入其中，而是充分尊重控辩双方发言的权利并协助梳理相关的事实与结论，以期为双方抓住争议焦点开展有效辩论提供协助。

因此，在模拟法庭这种更加倾向当事人主义的诉讼模式下，要求参与者更加调动主动性和积极性展开论辩，既要基于自身立场全面、充分表达己方观点，也要尊重法官对程序的掌控职能并按照程序规则推进庭审。

二、法庭调查的基本要求

在模拟法庭比赛中，对参赛队员的考察主要集中于起诉与答辩、法庭调查、法庭辩论和被告人最后陈述环节。因此，在模拟法庭的教学与训练中也应重点围绕上述四个环节展开，现就此展开简要说明。

（一）起诉与答辩

起诉与答辩环节要求控辩双方就被告人的行为作出定性，公诉方应当明确被告人具体构成刑法分则所规定的何种罪名，辩护人则应当基于公诉方的指控明确其将在本次庭审中作无罪辩护还是罪轻辩护。由于比赛时间限制，需要控辩双方在规定时间内的陈述应简明扼要，在陈述过程中应做到事实与法律相结合。

对于公诉方而言，起诉书的宣读一般都是按照固定文书，所以在该过程中应提前按照规定时间进行预演，在满足基本格式要求的情况下完成基本的论证。该论证过程首先应结合案卷材料有重点地陈述基本案件事实，让合议庭对本案形成初步的事实印象。在事实陈述完成后，则应当结合具体法律规定按照犯罪构成要件归类，明确法律依据，得出最终的结论。对于辩护方而言，其答辩应当针对公诉方的指控就事实认定和法律适用作出答辩，重点提醒合议庭关注公诉方指控中存在的薄弱点，明确表达辩护思路。

需要指出的是，起诉与答辩环节控辩双方的陈述需要具有一定的结构指引性，即其应当基本勾勒出控辩双方在本场庭审中的论证框架。这样既有利于合议庭快速抓住争议焦点，明确后续举证质证阶段的重点；也有利于双方掌握彼此的论证立场与思路，让庭审更加聚焦并提升效率。

(二) 发问

对被告人的发问是明确案件事实的重要方式，而在推动庭审实质化过程中，我国刑事诉讼愈发强调证人的出庭作证。在英美法系的诉讼程序中，交叉盘问始终是庭审中的重点环节，其对明确案件事实和法律适用的意义并不亚于法庭辩论。然而，在职权主义诉讼模式中，控辩双方不愿问、不敢问的情况依旧存在，发问规则也不甚明确，使得发问存在形式化的问题。[1] 模拟法庭作为一种理想化的刑事诉讼活动，其对发问的重视将有助于改变这一现状，推动学生发现发问的价值并掌握发问的技巧。

在发问的过程中，首先，在总体上应当符合案件论证逻辑结构。公诉方对被告人的发问往往是法庭调查的第一阶段，在该过程中公诉方应当通过有逻辑结构的发问，将基本案件事实厘清并明确案卷中存在的矛盾、模糊内容。一般而言，这种发问结构可以沿着案件发生的事实经过展开，也可以按照犯罪构成的基本要件结构展开，这需要公诉方基于案情进行设计。

其次，在具体发问的过程中，控辩双方的发问应当充分结合事实，做到问有所据。对于学生而言，有时为了得到其想要的结果会设计许多问题，但在对抗制的情况下，多会被回答者识破而绕开，最终既会导致大量诱导性发问的出现而反复遭到对方的反对，也会导致整个发问脱离案件而偏离庭审目

---

[1] 参见龙宗智：《我国刑事庭审中人证调查的几个问题——以"交叉询问"问题为中心》，载《政法论坛》2008年第5期。

的。因此,在发问的过程中尽管需要教授学生相应的技巧,但相关技巧的运用仍要结合案件事实展开,从而达到查明事实的目的。

最后,发问本质上仍是控辩双方交流的过程,交流必然会带来态度和情感上的波动,这在英美法系交叉盘问训练中也得到关注。[1] 对于公诉人而言,在发问过程中应当牢记代表国家指控犯罪的公职性,做到稳重端正。这就强调在发问中,公诉人既不能过于苛刻,以带有恐吓的态度对被告人进行发问;也不能过于轻佻,失去了国家公诉人应有的威严。而对于辩护人而言,其应当做到细腻亲和,要具有一定的人文关怀,平复被告人及证人的紧张情绪,在交谈中查明事实。

(三) 举证质证

举证质证是法庭调查阶段的核心环节,对案件事实的认定具有重要作用。该环节基于刑事诉讼证明责任分配的原因,公诉方主要承担举证责任,辩护方则主要进行质证。由于模拟法庭材料的限制,公诉人在举证过程中应当做到全面清晰。全面举证强调公诉方应当将案卷中所列证据全部举出,从而搭建完整的证据链并留待后续法庭辩论使用。而清晰举证则主要强调举证应当具有逻辑层次,一般而言,公诉人应当对证据进行分组,举证过程中应当明确共有几组证据向法庭出示,每组证据中共有几份证据及重点内容,同时要明确该组证据用以证明的案件事实。

在质证过程中,质证主要围绕证据的客观性、合法性和关联性展开。由于模拟法庭默认案卷所列证据均系真实、合法,故实际上仅能对证据的关联性进行质证。在质证过程中,学生应当做到规范质证,即按照相对程式化的句式表达质证观点。一般而言,模拟法庭辩护人的质证句式是"辩护人对该组证据的合法性和客观性没有疑问,但对该组证据的关联性存在质疑。该组证据仅能证明……但无法证明……并未达到相应的证明标准"。需要注意的是,在质证环节辩护人往往对证据法基本概念掌握不清,尤其是对于证据资

---

[1] 参见张慧丽、万伟岭:《公诉人出庭辩论技巧探讨》,载《中国检察官》2011 年第 22 期。

格、证明力以及相关证据规则的适用存在混淆,这是模拟法庭教学与训练中应予重视的。

三、法庭辩论和被告人最后陈述的基本要求

法庭辩论是在法庭调查阶段查明事实的基础上,就法律适用问题展开的集中性论辩。尽管该过程依旧会涉及案件事实问题,但有关事实的争论实际上也是围绕犯罪构成要件展开的。因此,在该部分的考察中应重点关注学生的法律解释和法理论证能力。

(一)法庭辩论

在法庭调查阶段结束后,合议庭会根据案件事实和控辩双方的意见总结争议焦点。在模拟法庭的比赛中,往往会将争议焦点集中在主观与客观两个方面,控辩双方的辩论应当分焦点进行并着重就犯罪构成要件进行拆解。这就要求控辩双方对犯罪构成要件有着清晰的认识,并且能够聚焦单一要件展开精细化分析。例如,在主观方面的辩论中,大量的案件都是围绕犯罪故意或过失展开,并且要求对故意和过失的把握应当明确究竟属于何种形态。这便涉及对主观方面认识因素和意志因素的考量,论证过程既要基于刑法理论也要结合法律和司法解释的规定,从而作出精准的定性。

同时,在法庭辩论的过程中,虽然控方强调立论而辩方强调驳论,但总体上都是一种立论与驳论相结合的论证。好的法庭辩论切忌沉闷和冗长,需要一定辩论思路与技巧。[1] 其思路是,刑事庭审实际上带有对案件事实还原的色彩,故而双方本质上都是在向合议庭描摹一个对己方有利的故事。所以,该过程应当基于对案件事实的拆解,通过选取对己方有利的内容进行重组以完成一个符合常识、常情和常理的"故事"框架以说服合议庭,这就需要控辩双方在辩论中做到穿针引线、逻辑自洽。在技巧上,对于法庭辩论的用词酌句的设计,语气语势的拿捏都是需要关注的重点,这需要学生在反复的练

---

[1] 参见杜桂春:《论辩、诡辩及法庭辩论》,载《青海社会科学》2004年第3期。

习中探索符合自己的路径，也需要教师予以相应的指导。

（二）被告人最后陈述

被告人最后陈述是法律赋予被告人的权利，而在模拟法庭中也是考察辩护方尤其是被告人个人能力与法律素养的重要环节。在该过程中，扮演被告人的学生应当基于前述法庭调查和法庭辩论中的基本立场，概括性地总结己方的辩论理据，加深合议庭的印象。尤其要注意的是，在总结时应当与辩护方答辩意见形成呼应，在短时间内实现立场、观点、论据的充分结合，从而达到首尾呼应的效果，实现锦上添花。

第二章
刑事模拟法庭的破题

Chapter 2

模拟法庭竞赛作为竞赛活动的一种，旨在通过模拟真实的庭审来培养学生的思辨能力和实践能力，而模拟法庭竞赛所选取的案例，即模拟法庭竞赛的赛题，一般以完整案卷的形式体现。对于任何竞赛和赛题来说，如何破题都是重中之重。

模拟法庭赛题的破题对学生的能力要求是极为综合的：一方面，对案例的破题包含对题目的阅读、解读，有些赛题涉及专业知识，学生需要进行针对性学习，有些赛题涉及行业规则和习惯，学生则需要透过现象看到本质。另一方面，需要学生在细致全面理解案卷的基础上，形成控诉或者辩护的观点，在此基础上进行优化，并在文书及庭审过程中表达出来。此外，不同的人对于同一份赛题可能有不同的解读和立场，如何在纷繁的立场中寻找到中正平和且能够自圆其说的观点，极为重要。

大多数的模拟法庭赛事，组委会会指定控方指控的罪名（少数的案例不会确定罪名，也有指定两个罪名由控方选择的情况，在后两种模式下，控方首先应当确定指控罪名），这实际上属于组委会为控辩双方的破题提供的初步引导。此时，控方应当在破题时综合考虑哪一个罪名更有利于构建证据体系和逻辑体系，同时还需考虑辩方可能会做出怎样的应对，进而提前做出攻守上的准备。指控罪名选择的工作主要考察的是参赛者的刑法基础知识和关联罪名辨析能力，本书不过多展开。对于辩护方来说，在刑事模拟法庭活动中，为凸显赛事的对抗性，增强比赛的可观赏性，一般都会要求辩方作无罪辩护。① 又由于指控的难度大于辩护，因此，一般认为，相比较控方的指控来说，辩方的破题在纯粹的技巧层面是较为简单的。

本章所讨论的破题是指在控方确定罪名和辩方确定大致辩护立场后，如何通过阅卷来构建逻辑体系，以达到论证本方观点、反驳对方观点的目的，并最

---

① 即便组委会未明确要求辩方作无罪辩护，从对抗激烈程度、观赏性角度以及参赛目标出发，辩方也通常会选择无罪辩护的立场。

终形成相应法律文书的过程。概括来说，大致包括以下三个方面：（1）通过阅卷充分熟悉材料，了解案情；（2）明确法律适用，寻找争议焦点；（3）形成完整的辩护思路及方案，准备出庭材料。

第一节 破题的基础——阅卷

　　阅看案卷并从繁杂的证据中提炼出有效的证据，这一活动俗称"阅卷"。阅卷是法律从业者的基本功，是控辩审三方处理具体案件的前提和基础，是了解案情最直接的途径，也是模拟法庭比赛准备的第一步。阅卷不得要领，抓不住要害，会直接影响到案件处理的方向和质量。

　　阅卷的根本重点在于形成思路，模拟法庭中的阅卷工作不是简单机械的劳动，需要思考、整合、总结，赛前的阅卷是参赛选手思想河流的奔涌，是赛前最为重要的"生产车间"。[1]

　　我国刑事诉讼程序规定了公诉人及辩护人阅看案卷的权利，双方可以通过在庭前阅看案卷材料、掌握案件的证据信息，为开展起诉及辩护活动提供证据信息和事实依据，为庭审的有效进行奠定基础。控辩双方平等的阅卷权利也在一定程度上减弱了控辩双方证据信息的不对称，使辩护方在庭前能够做好充足的防御准备，增强庭审实质化和控辩对抗的平等性，是实质辩护和有效辩护的保障。实际上，模拟法庭为我们提供了一种理想化的控辩对抗平台，至少在阅卷这个层面，双方有绝对平等的权利。

　　当然，在司法实践中，除阅卷外，还可以通过调查取证、提审（会见）等途径了解案件事实。但囿于模拟法庭无法完全重现整个办案过程，故阅卷就成为各方对案件了解和解读的唯一基础和支撑。

---

[1] 参见冯丽君：《公诉人阅卷之"道""法""术"》，载微信公众号"最高人民检察院"，https://mp.weixin.qq.com/s/DXa1TPW2cSAjZyXnstUYWw，2020年12月18日。

一、阅卷"四步法"

笔者在从事辩护律师过程中，坚信"好记性不如烂笔头"，因此慢慢摸索出了阅卷四步法。阅卷四步法的主要表现形式是摘抄案卷中的重点内容，以案卷为基础，逐步整理形成逻辑更清晰、细节更明确、使用更方便的阅卷笔录。阅卷四步法的具体步骤如下：

第一步：粗略浏览案卷，摘抄记录案件的如下程序性信息：（1）报案、立案、指定管辖等信息。（2）被告人被采取强制措施的时间以及被采取措施的种类。（3）被告人的到案经过，特别注意认罪认罚、自首等特殊情形。

第二步：按照提供案卷的顺序摘录重要信息，形成原始阅卷摘要。（1）对被告人、被害人及其他相关人员的言词证据以及勘验、检查、辨认、侦查实验等笔录，要首先注意记录笔录的时间、地点、侦查人员等基础信息。（2）对重要书证、鉴定意见及视听资料、电子数据，要简要记录与案件定性有关的重要内容。（3）在完成原始阅卷摘要后，对整个案卷已有详细了解，建议根据事件发展的时间做一个时间轴，以时间为线索整理案件的发生经过，以对案件整体有一个系统地认识。

第三步：在原始阅卷摘要的基础上，以争议焦点或案件发展过程为标准对原始摘要中的信息进行分类，将相关内容重新排列组合，由此形成调整后的阅卷摘要，这是四步阅卷法中的核心，应当予以高度重视。

假设案发起因是控辩双方的争议焦点之一，即在制作阅卷摘要时就需要选取所有涉及案发起因的证据，将这些所有证据归入"案发起因"中进行整合，此时，相关各方表述一致、不一致的信息就会一览无遗。控辩双方可以基于本方立场选取证据材料，并有针对性地准备己方论述及对方可能提出反驳的初步回应。

第四步：在充分熟悉两份阅卷摘要后，即可以根据己方的立场和初步思路以及相关法律规定，制作起诉书、公诉意见书、辩护词、发问提纲、举证目录等庭审所需文书，初稿形成后，建议再从头到尾浏览一遍案卷，以拾遗补缺，查遗补漏。

从"阅卷四步法"可以看出，阅卷的过程是一个对案件了解由浅入深、对观点形成从无到有的过程。对于初步接触模拟法庭的同学而言，在粗略浏览案卷的过程中，需对案件有整体的故事性认知，需形成自己关于案件的初步观点，并记录对案件的疑问，然后在后续的阅卷中带着问题去更为深入地探求案件的真相和辩点。此外，对案卷材料摘要的过程，就是对案件故事细节填充的过程，是对犯罪嫌疑人、被害人、证人人物形象和性格丰富的过程，是设身处地思考案件情节的步骤，在此过程中，可以逐步解答自己在第一次阅卷中存在的疑问，并且初步形成全案的论证观点。

在这个过程中，我们不是为了阅卷而阅卷，所有的阅卷工作都是为后续观点的形成进行铺垫。控方应当开始勾勒起诉思路、形成对证据初步认识并完成举证的基础设计、确定基本的争议焦点；辩方则需要找到辩护的角度和重点、确定对被告人有利的证据作为后续的关注重点、确定对被告人不利的证据并形成有效的质证意见。[1]

二、阅卷的注意事项

证据是诉讼的灵魂，是模拟法庭活动开展的基础，培养学生的证据意识和证据运用能力是模拟法庭活动的目的之一，[2] 而阅卷就是控辩双方在庭审之前收集、整理、分析证据的过程。

如前文所述，在模拟法庭活动中，可以了解案件事实的只有阅卷这一途径，这是以后所有活动的前提和基础。因此，在阅卷时，有如下问题需要我们注意：

第一，阅卷中所关注到的重点信息，均要标明其所在的具体案卷、页码及位置，以便后续需要时查找。

---

[1] 参见孙广智：《刑辩律师阅卷的三大策略》，载微信公众号"iCourt 法秀"，https：//mp.weixin.qq.com/s/OQlAqJ_ yZC1fhUHsF5NPcA，2022 年 8 月 26 日。

[2] 参见陈学权：《模拟法庭实验课程建设基本问题研究》，载《黑龙江高教研究》2007 年第 11 期。

第二，形成原始阅卷摘要时，可以遵循"先粗后细"的原则，即先尽可能摘录更多有效信息，以全面为目标；在熟悉案卷后，结合己方思路和相关的法律规定，双方在本案中的争议焦点会慢慢浮出水面，此时围绕争议焦点逐步删减，直至保留最重要、最核心的信息，以准确为目标。逐步删减的过程其实就是多次阅卷的过程，次数越多，对案卷越熟悉，后续工作就越方便进行，效率也会越高。

第三，调整后的阅卷摘要所设置的分类内容，要尽可能围绕争议焦点设置、整理，通过横向、纵向的整理逻辑将相类似证据归类后，仔细揣摩其中的差异，确定更符合己方论证观点的说法，在庭审中加以运用。

第四，尤其需要关注在不同主体的笔录中及同一主体不同时间的笔录中，针对同一问题的不同说法，可以用表格的形式进行对比，作为庭审时重点关注的细节信息，在庭审中提出以达到论证己方观点、反驳对方观点的目的。

当然，以上提示仅是阅卷阶段最基本的方法指引，在比赛准备阶段阅卷次数越多，对案卷就越熟悉，在庭审时面对对方的质疑和观点，回应就越有底气。当参赛者在庭审中能够熟练地说出某个证据、被告人的某段供述或某种说法具体在案卷的第几页甚至第几行时，整个"故事"就了然于心了，此时选用何种词语表达就信手拈来了，要实现这一步，阅卷时就一定要做到"细致再细致"。

实务中的要求则会更高，因为对于一位经验丰富的司法从业人员来说，常常在刑事案件中会面对动辄几十本、几百本的案件案卷，此时便很难要求其对于每一行字都进行标注，相反在证据材料浩如烟海的案件办理过程中，如何在有限的时间内，最大限度抓取案件的重点信息，一针见血地提出观点就显得更为重要。

对于初涉模拟法庭的学生而言，组委会提供的案卷尽管大多数来源于真实案件，但通常会进行删减，因此案卷内容会相对较少，证据也相对简单，争议焦点也会更为集中。所以，在可能的情况下，对案件的挖掘越深就可能掌握更多的事实信息，在庭审中也就能占据更有利的地位。因此，在赛前准备阶段,我们需要极为细致的阅卷工作才能慢慢领悟刑事控诉和辩护的内核。当然,随着经验的不断积累,同学们也可以慢慢地探寻其他更适合自己的阅卷方式。

三、阅卷的目标——从"发现问题"到"给出答案"

阅卷的过程,应当是一个"发现问题"(明确争议焦点)并"给出答案"(找到己方论点)的过程。因此,同学们不应机械地看待案卷,而是应该通过案卷,发现问题,并最终给出自己对于案例的控辩思路。

"发现问题"和"给出答案"往往是一个目光在事实和法律间来回穿梭的过程,需要多次阅看案卷,我们一般可以将这个步骤细化为以下几个阶段:

第一阶段阅卷,往往是以平常人的眼光,带着猎奇的心理,仿佛在阅看电影剧本和故事小说,此时的阅卷是较为粗略的,目的只是了解故事的走向。因此在掌握了大致的情节后,我们仍常常会对案卷的具体细节充满疑问和困惑。而这正是初步阅卷的目的之一,就是我们要善于在不同人所讲述的故事中"发现问题",边阅看案卷边记录自己对事实或证据的疑问。

第二阶段阅卷,要求我们以专业人士的视角,带着之前形成的疑问和困惑,开始从每一份证据中寻求答案。如果最初的阅读是掌握了故事大纲,那么再次阅读实际上就是对前述故事细节的填充,是对犯罪嫌疑人、被害人、证人人物形象和性格丰富的过程,是设身处地思考案件情节的重要步骤。在此过程中,可以逐步解答自己在之前形成的疑问,并且要初步形成全案的论证观点,公诉方要大致开始勾勒起诉思路,辩护方则需要找到突破口,形成辩护观点。

第三阶段阅卷,则更多地是将控辩思路具体化和体系化,需要有更多的细节支撑己方的"答案",细节的比对对于思路的形成尤为重要。如果说前述的过程还只是"听"案件材料中各方观点的表达,那么在这一步就要判断这些表达孰真孰假,然后顺着自己的论证体系去堆砌自己的证据堡垒。

以上三个阶段,实际上是对于一个案件的理解由浅入深、控辩观点的形成从无到有的过程，是符合我们的认知规律的。同时，在"发现问题"和"给出答案"的阅卷过程中，不同文书的作用是完全不同的，在不同阶段给予学生的提示和选择也是不同的，以下选取部分文书或证据进行重点说明：

比如，公安机关出具的起诉意见书，具有非常丰富的意义：第一，起诉意见书可以帮助我们在最短时间内了解案件的大致情况，对于犯罪嫌疑人画像的勾勒、案件事实的还原都有着积极的作用，又因为这是以办案机关视角所作的文件，所以也可以帮助我们了解办案机关的定罪初衷和大致思路。第二，起诉意见书也可以作为公诉人制作起诉书的基础，可以在此基础上进行优化和设计，辩护方辩护思路的选择，则是自看到起诉意见书时就已经开始了的。

再如，犯罪嫌疑人的供述和证人证言。如果说起诉意见书是国家机关对于犯罪嫌疑人的初步态度，那么在了解公安机关对案件的看法后，我们亦要再听一听犯罪嫌疑人是如何供述的，并初步判断犯罪嫌疑人的供述哪些是真，哪些是假。笔录是带我们走进案件的一把钥匙，除了犯罪嫌疑人本人的视角，一个案件同场还有诸多证人甚至被害人的笔录，这就为我们提供了多元化的观测角度。有时我们阅看笔录，就相当于导演在观看剧本，在脑海里去还原犯罪现场，我们的目光需要在不同人物勾勒的事实间来回穿梭，以寻求对案卷的合理解释。

最后，还需要提醒的是，如果一个赛题有诸多可以选择的方向和道路，在我们还没有具备超常的水平和能力时，请选择一条相对"中正平和"的破题之路。因为在这样的选择中，我们往往可以更客观地看待事实真相、分析法律问题，只有相对"中正平和"，我们才能慢慢地通过运用法律来了解法律妥协的魅力和精神。

第二节　模拟法庭公诉方的破题

《刑事诉讼法》第176条第1款规定："人民检察院认为犯罪嫌疑人的犯

罪事实已经查清，证据确实、充分，依法应当追究刑事责任的，应当作出起诉决定，按照审判管辖的规定，向人民法院提起公诉，并将案卷材料、证据移送人民法院。"这是模拟法庭活动中公诉方（包括公诉人和证人）活动指引的法律依据，也即公诉方的所有活动都要围绕着论证被告人"犯罪事实清楚、证据确实充分，依法应当追究刑事责任"而展开，一切与此无关、关联不大尤其是有损该目标实现的活动，都绝对不能出现在文书和法庭中。

在实务中，最高人民检察院对于检察官的办案有"亲历性"要求，即办案检察官必须亲自阅卷、亲自组织证据材料的审查工作。实际上，检察机关的工作主要围绕司法活动展开，而司法的核心问题是通过证据回溯性地证明已经发生的案件事实，最终结论要通过裁断的方式加以实现，这就要求检察院的有关人员应当亲身经历、亲力亲为。如果身在卷外、心在卷外，或是不阅卷而发表意见，或是阅卷而不能发表意见，都不符合司法亲历性的要求。[1]

如果将上述要求折射到模拟法庭中，我们会发现，模拟法庭是司法实践的模拟再现，扮演公诉方角色的参赛学生自然应当以公诉人的标准严格要求自己，将自身代入公诉人的角色进行案例审查和证据组织，因此就需要参赛学生从破题阶段起就要严格要求自己，做到准确分析案件事实，正确适用法律。

一、公诉方破题的理念与精神

起初，举证和证明的责任边界并不清晰，有观点认为"当被告人不得不自行抗辩时，他不能仅仅强调控方的证据不充分，因而自己无罪，这属于默认自己有罪，法官希望听到他对指控事实做出清晰的解释，否则他将被判决有罪"[2]。随着现代刑事司法理念的发展，被告人无须自证其罪，控方对被告人构成犯罪的指控需要全面而坚实的证据支撑，达到排除一切合理怀疑的证

---

[1] 参见苗生明：《阅卷是对下指导的基本功》，载微信公众号"最高人民检察院"，https://mp.weixin.qq.com/s/Qe7pqnGj3B2dkK-NxbEnog，2020年12月24日。

[2] ［美］兰博约：《对抗式刑事审判的起源》，王志强译，复旦大学出版社2010年版，第263页。

明标准。在控方提交完毕证据后，如法官裁定控方未能满足举证和证明责任，法官则不会支持控方的诉请，此时则会"疑罪从无"，判定被告人无罪。

因此，在模拟法庭比赛中，公诉方在破题的过程中，应当清晰地知道己方的论证义务是任重道远的，应当树立起对自身举证责任和证明要求的充分认知。惩罚犯罪当然是控方义不容辞的责任，但控方也应当秉承现代刑事司法中对于"罪刑法定""疑罪从无"等理念的理解，避免先入为主认为被告人必然有罪的观点出现，一切判断都必须以案卷证据为支撑。

同时，公诉方在破题时也要与真实案件中的公诉人保持一样的要求，坚持以下三种思维：①

第一，在对赛题进行阅读，初步进行分析时应运用体系思维。体系思维是指全面整合全部案件信息的思维方式。这是公诉人全面审查证据的必然要求，其目的在于尽量避免因信息不全、不对称而对事实证据产生错误判断。体系思维在一些涉众型、对合犯罪案件中尤其重要。比如，在虚开增值税专用发票案中，因上下游犯罪链条较长，一般涉及非公企业的法定代表人或者实际控制人较多，且先后归案的现象较为普遍，对这类案件的分析必须要有体系思维，否则很难得到清晰、准确的判断。

第二，在全面阅卷之后，确定破题思路时应当运用发散思维。发散思维是指公诉人阅卷时必须具备的一种扩散状态的思维模式，换言之，就是打破思想的边框，思维不受局限，可以一问多答，一疑多解，寻找更多可能性的思维方式。以这种思维方式破题，可以避免就案办案、机械办案。有利于跳出检察、跳出法律看待社会问题，从更广阔的视角检视社会问题背后的原因及解决办法，有利于发现创新性的突破口，在庭审中达到让评委眼前一亮的效果。比如，在经济类罪名的赛题中，就可以结合经济相关的社会规则、行业规范，甚至是约定俗成的处理方式，联系实务中的相似情况综合分析，不必将思维仅仅局限于法律规定之中，可能会有意想不到的效果。

---

① 参见冯丽君：《公诉人阅卷之"道""法""术"》，载微信公众号"最高人民检察院"，https://mp.weixin.qq.com/s/DXa1TPW2cSAjZyXnstUYWw，2020年12月18日。

第三，在整合证据，最终确定起诉思路时应运用比较思维。比较思维是指公诉人在多人多事或者对合犯罪、共同犯罪案件中将关联事实、关联人的犯罪事实进行比较分析的思维方式。在模拟法庭中主要体现为在确定起诉思路时，参赛学生应当对比其他类似案件，区分相似罪名，最终给出最符合本案情况的最终起诉思路选择。

只有这样，才能在搭建控诉大厦的过程中将基础打牢，才能在一次次的阅卷中找到全方位支撑己方观点的证据，才能在面对一个可能完全不配合的被告人时，通过全案证据还原客观真相，以求拨云见日。

二、公诉方破题的考虑因素

公诉方的所谓破题，实质上是围绕罪名的犯罪构成选取证据构建指控体系，在这一过程中，应当注意考虑如下因素：

第一，先形成对全案基础事实的判断，把"故事"看明白是形成破题思路的第一步。如果漏看了关键信息，漏掉了关键事实，那么在后续的定罪中，完全可能"千里之堤、毁于蚁穴"，影响对全案的判断和总体思路的确定。公诉人在破题过程中一定要坚持问题导向，根据现有情况进行初步研判，列明需要解决的重点、难点问题和后续可能存在的争议焦点，然后有针对性地查阅相关材料，结合案件事实，有选择地详加判读，寻找突破点，做到有的放矢、事半功倍。

第二，确定罪名后还需细化具体罪名的构成要件，如行为方式是作为还是不作为、主观方面是直接故意还是间接故意、是疏忽大意的过失还是过于自信的过失、涉案数额是多少、犯罪形态是既遂还是未遂等。此时，刑法中规定的犯罪构成是主要指引，除此之外，还需要结合阅卷形成的对案件的基本认识，综合考虑之后作出符合案件情况的具体判断。

第三，破题不光是只看题目，不能只看案卷，我们还需要参考同案、类案的判决，学习法学家及实务工作者的文章。在同类的案件中，我们可以了解此类案件的案发背景、处理过程、辩护思路、判决结果，在实务人员的总结文章中我们可以了解办案过程中不同主体的经验和困惑,这些都有助于加深我们对案件的理解。一方面,前人的经验有助于我们快速找到破题的方向;另一方面,从已有资料的差异对比中,我们也可以得到灵感,找到具体案件的个性化处理思路。

第四,一个优秀的赛题会保证控辩双方都"有话可说"。因此,对任何一方而言,都很难存在十全十美的诉讼方案。如果某一方在赛题上具备压倒性的优势,那么在一定程度上说明题目有缺陷。正如之前所强调的,辩护人常常作无罪辩护,相应地,公诉人在破题时尽量避免主动退缩或者过于保守的情况。比如,一起杀人案件,如果在杀人故意和重伤故意上存有一定的争议,如果实践中存在认定杀人故意的情形,那么作为模拟法庭竞赛中的公诉人一般不应当主动退而求其次,因为一方面打击犯罪是公诉人的职务要求,另一方面从模拟法庭、锤炼学生技能的角度而言,如果公诉人以故意伤害起诉,辩护人也以故意伤害辩护,则双方难以形成有效的争议焦点,诉讼的技能就无法通过模拟法庭这一竞赛活动得到锻炼,在一定程度上背离了模拟法庭活动的初衷。

当然,此举并非要求公诉人一律形成重刑主义的思想,而是由模拟法庭本身的特性决定的。因为模拟法庭本身只是一个模拟真实案件的过程,比赛与真实司法实践的情况是有出入的,在模拟法庭比赛中,参赛选手无法补强证据,无法继续调查,所以有时候必然会有一定的发挥和延伸。而在司法实践中,公诉人当然会坚守"以事实为根据,以法律为准绳"的准则,来综合判断各项证据,从而得出结论,但是在模拟法庭活动中,题目的设计者本身很难在几十页的案件材料中将所有问题都一一厘清,在这种情况下,参赛学生有一定程度的合理发挥就是必不可少的。

三、公诉方选取出庭证人的考虑因素

根据规则,公诉人应当在案卷中选择一位已做笔录的证人(后续有些赛题也放宽至案卷中曾出现名字,但没有笔录的人)出庭,以加强指控力度。

此处的证人是广义的证人，或者说只是在模拟法庭中的一种代称，即与被告人相对应的，可以出庭帮助公诉方证明犯罪事实的人，既包括刑事诉讼法规定的证人，也包括刑事诉讼法规定的被害人和鉴定人（以下统称证人）。

在大多数案件中，选择哪位证人出庭至关重要，在实际的庭审中，公诉人可以根据需要申请多位证人共同出庭，但是在模拟法庭中，囿于时间有限，仅能有一位证人出庭，如何选择证人，选择什么样的证人，就尤为重要。

根据一般经验，在证人选择时，控方需要综合考虑如下因素：

第一，模拟法庭在证人的选择上，面临一个两难的困境，即如果证人和案卷材料说的内容要求完全一样，那么证人也就没有出庭的意义和价值，在庭审中重复已有笔录中的内容不会对公诉方的起诉有所帮助；但是如果证人和案件材料所说的内容完全不一样，或出入过大，那么也可能过分偏离案例的设定，导致控辩两方辩论难度的过度不平衡，违反了"不允许翻供"的基本原则。① 所以，模拟法庭竞赛规则一般要求，证人需要深刻领会其笔录，仅能在其笔录所确认的事实上作合理的延伸，超出合理限度的过度演绎部分则会被视为违反规则。因此，对公诉方而言，在庭前比较所有证人所作的证言笔录，重点选择经合理演绎后能够补强指控的证言运用在庭审中，就显得格外重要。

第二，如果选择鉴定人等专家证人出庭，则需要在确定专家证人能够代表己方立场的同时，考察出庭的证人有没有能力完成指控任务，是否可以胜任在证人席上被盘问的工作。② 因为这需要证人熟练掌握鉴定报告中涉及的基本专业知识，如法医学、会计学等，这会对承担证人职责的学生提出极高的要求，应当慎重选择。

以域外司法实践为视角，如在美国，约有60%的诉讼需要参考专家证人

---

① 模拟法庭之所以不允许翻供，乃是因为赛题需要在一定前提下才有辩论的可能，否则控辩双方将无法集中精力针对焦点展开辩论，过多的时间会被浪费在编造故事和捏造事实上，这无助于参赛选手能力的提高，也会影响比赛的正常进行。

② See Mark Hogge, Yang Qianwu, *Winning Strategies for Chinese Enterprises in U. S. ITC 337 Actions*, 2019.

的证词，这类证词能够从专业的视角出发，还原案件的事实和真相，其作用重大。① 而在模拟法庭比赛中选择此类人员往往被证明是一把"双刃剑"，一方面，如果证人表现得当，顺利完成作证任务，则能显现出参赛队的综合能力，甚至有出其不意的效果。但另一方面，如果证人自身准备不当，则可能"露馅"，可能在对方的盘问中，出现专业问题上的错误，进而影响自身证言的可信度，影响己方的论证体系建立。

就笔者所见，专家证人与其他证人最大的不同之处在于其特殊的专业性。② 在不少模拟法庭比赛案例中，选择鉴定人作为证人出庭可能会产生非常不错的效果，因为学生在学习法学专业知识的同时，也应当对其他专业的知识有所储备，才能够做到在需要时信手拈来。法律职业本身其实非常考验执业人员的综合素养，如果一名检察官或者律师，同时又能了解一些医学、财会类的知识，那么在很多案件的处理上都会更加游刃有余。就笔者所带队参加过的模拟法庭竞赛中，选择鉴定人作为证人的情况下，法医的出现频率较高，因为在刑事模拟法庭比赛中，常常会出现被害人死亡的情况，此时由法医出具的尸检报告就会成为控方对被告人进行指控的重要书证，在整个庭审的过程中也会起到至关重要的作用。

举例而言，笔者曾参与辅导过一起涉及被害人死亡的刑事模拟法庭竞赛，案例中显示经过法医鉴定，被害人头部右侧颅骨有裂痕，但在案证据却显示犯罪嫌疑人打击的部位系受害人的头部左侧。若不了解医学或者法医学的知识，则可能会导向一些错误方向，如认为犯罪嫌疑人是不是在撒谎，其打击的实际上是右侧，因为右侧有明显伤处；比如认为是否存在其他人打击的可能性；案件是否需要继续调查；是否需要排除其他合理怀疑等。但若有一定的法医学知识储备，则可以知道在外力撞击下，受害者的头部可能出现"对冲伤"，是指沿头部被打击或碰撞作用力方向对侧的脑皮质发生的挫伤，如

---

① 参见[美]弗兰西斯·威尔曼：《交叉询问的艺术》，周幸、陈意文译，红旗出版社1999年版，第79页。
② 参见吴卫义：《涉外法律服务实例：不一样的专家证人之旅》，载微信公众号"ICourt法秀"，https://mp.weixin.qq.com/s/qtR83TkFMaxOS8tECjuisg，2021年3月21日。

枕部受打击或碰撞，在额极和颞极脑皮质发生的挫伤，一般见于运动中的头部受到外力作用后突然做直线减速运动时。因此，这一法医学知识就可以帮助解释为什么犯罪嫌疑人打击的是左侧，但颅骨破损却出现在右侧这一疑问。

还需要特别注意的是，与真实庭审一样，在对专门性问题进行举证质证前，部分法官会花费一定时间查明专家证人的资格，可能会对证人的基本情况、专业资质、学术成果和荣誉、从业经验、既往受聘情况及专业知识等事项进行提问。[①] 这就要求公诉方在庭审开始前，应对证人的相关情况提前进行相对合理的设计，保证能够流畅回答法官的发问，避免在证人的专业性和可采信程度问题上出现瑕疵，影响己方证人证言的证明力，进而影响公诉方的起诉逻辑建立。

第三，证人的选择应当与案件事实具有较高的关联性，或者能够证明重要环节的内容。否则如果只是随意在案卷中选取符合规定的证人，或者因为担心证人在关键问题上作出不利的回答而放弃选择关键证人，实际上是舍本逐末的做法，会影响论证的效果，也会影响评委对队伍表现的评价。

模拟法庭之所以设计证人出庭及发问的环节，本身就是为了锻炼学生询问和讯问的能力，当然需要带有一定的不确定性，需要有一些发挥和延伸的空间，如果为了避开这一层审核，人为地降低难度，则背离了此项竞赛的初衷。

从证人身上，公诉方可能能够找到自己想要的答案，但是辩护人也完全可能找到他们想要的答案，因此对证人培训的重点应当是在实事求是的基础上，尽可能避免因证人本身的素质和基础知识不过关而导致的失误，而不是一味地通过避免选择关键证人或拒绝回答关键问题来逃避失误。只有双方都有话可说，有来有往，有交锋有反驳，才能让庭审更加真实，让比赛更精彩。

---

① 参见宋莹：《对专家证人参与刑事诉讼相关问题的思考》，载《人民法院报》2016 年 4 月 6 日，第 6 版。

四、公诉方需要准备的文书

在刑案庭审中，公诉人需要宣读起诉书、公诉意见书（公诉词），除此之外，还需要提前准备针对证人、被告人的发问提纲，举证提纲以及对律师意见的答辩提纲，俗称"一书三纲一词"。

第一，起诉书。公诉人宣读起诉书是法庭实体审理正式启动的标志，是庭审参与人员及旁听人员了解案件情况的开始。[1] 起诉书的重要功能在于限定庭审范围，是控方核心观点的最初、集中展示，具有重要意义。同时，起诉书也是公诉方在庭审正式开始前与辩护方进行交换的文书，是开庭前辩护方了解公诉方指控思路的重要途径。与对真正公诉人的要求一致，模拟法庭中的公诉人同样必须具有高度的使命感和责任感，因此在撰写起诉书时要注意避免过场化、程式化、空泛化的问题，[2] 要保证起诉书能够真正体现观点，有价值，有力度。需要注意的是，多数模拟法庭比赛都规定，用于赛前文书交换的起诉书必须与当庭宣读的一致，因此在撰写时就必须要保证既能够让法官初步了解控方观点，又不会在赛前向辩方泄露过多己方的破题思路。

最高人民检察院明确规定了起诉书的格式，这是模拟法庭活动中对格式要求最为严格的文书，除要做到格式规范外，还需要做到事实表达清晰，法律引用完整、具体、明确。同时，模拟法庭竞赛中宣读起诉书的时间通常为3分钟，这就要求负责宣读的公诉人在定稿前进行演练，以保证在宣读时既有足够的时间流畅念完，也不会过于仓促。

谈及对于起诉书的要求，大致可以分为两大块：一方面基本问题不能犯错，如引用的法条、是否适用自首等情节应当确保准确无误，否则有经验的评审在比赛之初就可能发现公诉人的专业缺陷，进而影响其对公诉人队伍的整体评价。另一方面是要精准概括案件事实，让合议庭和评审在比赛之初就

---

[1] 参见庞良文、王占寻：《新形势下公诉人出庭行为的应对策略》，载万春主编：《检察调研与指导》总第14辑，研究出版社2017年版。

[2] 参见庞良文、王占寻：《新形势下公诉人出庭行为的应对策略》，载万春主编：《检察调研与指导》总第14辑，研究出版社2017年版。

能了解公诉人的起诉思路。这两点看似容易，但如何概括案件事实，如何让起诉书呈现出一种专业、简洁、有力度的美，实际上却绝非易事。

第二，与起诉书一并提交法庭的是证据目录，一般而言，该份证据目录的主要意义是向法庭表明公诉方在庭审中举证的范围，辩方由此可以确定是否需要进行补充举证，因此举证目录一定要尽量做到周延，避免遗漏，以免影响庭审中法庭调查的正常推进。

第三，发问提纲是针对被告人的讯问和对出庭证人的发问而设计的问题。在设计问题时公诉方一定要注意发问技巧，发问技巧会极大地影响发问被告人的质量和被告人当庭供述的价值。同时需要注意的是，在模拟法庭比赛中，发问环节是有时间限制的，因此应当尽量选择对己方帮助更大、更有价值的问题进行提问。

在询问证人时，考验的主要是队友之间的密切配合和庭前准备阶段的精细设计，公诉人需要引导队友尽可能多地讲出对己方有利的证言，对证明力不足的书证进行补强，提升己方逻辑的可信度。而在讯问被告人时，就要注意在防止被告人过度演绎的同时，尽可能发现被告人言辞之中的破绽。对此，第三章有详细论述。

第四，举证提纲，举证是法庭调查的重要组成部分，公诉人庭审举证的核心目的是证明起诉书指控的犯罪"事实清楚，证据确实、充分"，具体举证方法不应过于僵化。具体而言，公诉人举证设计应主要考虑紧密性、实效性和直观性三大原则。[①] 从某种程度上说，公诉人指控的整体逻辑可以通过举证提纲体现，由此可见举证提纲的重要性。

与上文所述的证据目录不同的是，举证提纲并非庭前需要进行交换的文书，因此在撰写时需要严格按照己方指控思路进行。一般的模拟法庭比赛中，评委一般会更加青睐举证时按照指控逻辑思路分组的举证方式，这就要求公诉方在庭前准备时将全案证据按照指控思路分组整理，并总结每份证据在案

[①] 参见庞良文、王占寻：《新形势下公诉人出庭行为的应对策略》，载万春主编：《检察调研与指导》总第14辑，研究出版社2017年版。

卷中的具体位置、重点部分内容及证明目的。也有部分评委会要求按照案卷顺序，依次展示证据并论述证明目的。对此，第四章有详细论述。

第五，答辩提纲是针对庭前设想的辩护人所提意见的回应，是围绕着本案争议焦点设计的，有一定的辩论性质，它有助于帮助法庭确认庭审的辩论焦点。答辩提纲的准备程度体现了公诉人对案卷和相关法律规定的熟悉程度，证明了公诉人对辩护人思路的预判准确程度，也是一场庭审能否足够精彩的关键。成熟、完善、详细的答辩提纲可以为公诉人在法庭辩论阶段的精彩发言奠定基础，也能在一定程度上缓解公诉人的紧张情绪，只有做到提前对辩护方的辩护逻辑和可能关注的重点有准确的预期，才能在回应时有的放矢、事半功倍。当然，提前准备的答辩提纲并非是完整的发言稿件，公诉人也不能照本宣科直接宣读，而是需要根据法庭调查阶段进行的情况和辩护方的庭上表现，随时对答辩提纲的内容进行调整、补充和删减，以实现更高效、更准确的反驳。

第六，公诉意见书是在法庭辩论阶段发表的文书，是对法庭调查阶段出示证据以及相关法律规定的总结，是对起诉书的深化和升华。优秀的公诉意见书要做到客观、全面、公正、理性，应当将证据与法律规定融合在一起，除立论外，还应当有驳论，要在准确表达公诉方观点的同时，对辩护方在法庭调查及法庭辩论过程中存在的问题进行准确反驳，要注意全面评价被告人的行为，充分阐明检察机关的指控意见。① 对于被告人定罪量刑建议的内容是否需要体现在模拟法庭的公诉意见书之中，需要结合具体比赛的要求和己方指控思路再做定夺。对此部分内容，本书第五章有详细论述。

需要注意的是，虽然公诉意见书是法庭审理中最后宣读的文书，但在庭前准备阶段应当最先制作公诉意见书，其内容应当紧紧围绕己方的指控思路展开，公诉意见书是起诉书的扩充和细化，要尽可能详尽。在公诉意见书的基础上，再制作起诉书、发问提纲、举证提纲和答辩提纲，只有这样，才能

---

① 参见庞良文、王占寻：《新形势下公诉人出庭行为的应对策略》，载万春主编：《检察调研与指导》总第14辑，研究出版社2017年版。

保持指控思路的统一，确定"三纲"的具体范围，之后确定如何设计问题，如何对证据分组，如何设想辩护人的回应并予以回应。

第三节 模拟法庭辩护方的破题

刑事辩护，一直被视为观察乃至透视我国法治状况的重要窗口。[1] 律师的有效辩护指的是"保障被指控人获得律师帮助的平等、及时和有效"的原则以及所规定的保障被指控人获得律师有效辩护的具体措施。[2] 刑事辩护制度贯穿于刑事诉讼的全过程，依附于刑事诉讼制度的改革而改革，伴随着刑事诉讼制度的发展而发展，[3] 其重要性不言而喻。

《关于〈中共中央关于全面推进依法治国若干重大问题的决定〉的说明》中提出，"全会决定提出推进以审判为中心的诉讼制度改革，目的是促使办案人员树立办案必须经得起法律检验的理念，确保侦查、审查起诉的案件事实证据经得起法律检验，保证庭审在查明事实、认定证据、保护诉权、公正裁判中发挥决定性作用"，"充分发挥审判特别是庭审的作用，是确保案件处理质量和司法公正的重要环节"。据此，理论界和司法界将以审判为中心的诉讼制度改革的核心精神表述为庭审实质化，其含义是庭审不能走过场、形式化。而庭审实质化的要求与刑事辩护存在天然的联系，只有贯彻落实刑事辩护制度，实现辩护人的有效辩护，才能保障被告人的合法权益，达到"让人民群众在每一个司法案件中感受到公平正义"的目标。[4]

因此，无论是在司法实践还是模拟法庭比赛中，辩护人的辩护都至关重要。

---

[1] 参见方柏兴：《刑事辩护理论的新探索——评陈瑞华教授〈刑事辩护的理念〉》，载《人民检察》2017 年第 17 期。

[2] 参见熊秋红：《刑事辩护论》，法律出版社 1998 年版，第 68—71 页。

[3] 参见顾永忠：《刑事辩护制度改革实证研究》，载《中国刑事法杂志》2019 年第 5 期。

[4] 参见顾永忠：《刑事辩护制度改革实证研究》，载《中国刑事法杂志》2019 年第 5 期。

《刑事诉讼法》第 37 条规定:"辩护人的责任是根据事实和法律,提出犯罪嫌疑人、被告人无罪、罪轻或者减轻、免除其刑事责任的材料和意见,维护犯罪嫌疑人、被告人的诉讼权利和其他合法权益。"这是模拟法庭活动中辩护方(包括辩护人和被告人)活动指引的法律依据,也即在一般情况下,辩护方的所有活动都要围绕着论证被告人无罪、罪轻等意见而展开,一切与此无关、关联不大尤其是有损该目标实现的活动,都绝对不能出现在文书和法庭中。

如前文所述,无论是在真实庭审还是在模拟法庭活动中,控方和辩方在文书准备、法庭辩论等方面的侧重点均有所不同,这主要是由两者的职责所决定的。简单来说,公诉方需要排除一切合理怀疑,进行定罪,而辩护方则是找出合理怀疑,寻找出罪之路。

虽然检察机关的犯罪指控与辩护人的辩护因诉讼角色和分工的不同,天然具有不同的诉讼立场,也有截然不同的关注重点,但是我们必须客观认识到,无论是在庭前准备阶段还是开庭审理中,诉讼双方在对案件事实的客观尊重,对诉讼程序的严格遵守,对被追诉人诉讼权利的充分保障等方面同样具有共同的价值立场。[①] 如果是在真实的刑事诉讼进程中,公诉人能够在一定程度上决定是否补充证据等环节,具有较高的主动性,有助于其构建全面、准确的定罪思路和逻辑。但是,在模拟法庭活动中,由于证据资料是给定的且有限的,无法补充侦查,同时又考虑到是辩论活动,因此需要有"辩"的空间,在证据上未必能够形成完美的闭环,所以会增大控方的论证难度,而辩护方往往会更容易进行发难。不过,吊诡之处在于,尽管赛制本身加大了公诉方的难度,但是想在模拟法庭中找到让人眼前一亮的辩护人也似乎不那么容易。如何成为一个合格的,甚至是有风采的辩护人,首先应该考虑的是如何寻找破题之道。

---

① 参见曹坚:《解构认罪认罚从宽制度中的刑事辩护问题》,载《人民检察》2020 年第 10 期。

一、辩方破题的理念与精神

从"以眼还眼、以牙还牙"的同态复仇，到现代社会的"罪刑法定"，如果我们仔细梳理刑事司法的制度变迁，不难发现，法学界对刑事案件的关注点是慢慢在从报复或惩罚，转向对人的权利保障。

刑事诉讼上适用无罪推定原则，任何人都不能被推定为罪犯，任何人在被证明有罪前，应被假定为无罪，或者说在未收到有罪判决之前，所有人在法律上都是清白的。因此，作为辩护人，在阅卷时应当时刻秉承"无罪推定"及"存疑有利于被告人"的理念与精神，在对证据的组合和审查上，要充分运用规则，仔细确认证据的客观性、合法性和关联性，保障被告人的合法权益。

存疑有利于被告人的基本含义是，在对事实存在合理怀疑时，应当作出对被告人有利的解释。该原则的适用可能表现为诸多情形：当事实在重罪与轻罪之间存在疑问时，认定轻罪，这可谓是存疑时应以轻缓优先；就从重处罚情节存有疑问时，应当否认从重处罚情节，这可谓是存疑时从轻处罚，如此等等。此外，这一原则还适用于诉讼前提条件。例如，无法确信某一犯罪行为是否超过诉讼时效时，应当认为已经超过诉讼时效而不再追诉。[①]

因此，辩护人在破题时应当时刻秉承上述理念，贯彻于证据审查和思路确定的全过程中，以求周全保障被告人的合法权益。

当然，所谓的存疑也需要有一定的限度，应当限定在"合理怀疑"的范畴中，而非一切都值得怀疑，否则就会陷入无休止、无意义的事实争论中，无法进入法律适用层面的交锋，庭审也将无法开展，辩护工作或将误入"幽灵辩护"的歧途。

二、辩护方破题的考量因素

我们常常会有一种直观的印象和感受，那就是"公诉人更能察觉人性之

---

① 参见张明楷：《刑法格言的展开》（第3版），北京大学出版社2013年版，第533页。

恶",而"辩护人更易发现人性之善",这当然是一种粗浅的总结,但却可以概括控辩两方在思考问题时出发点的不同。

公诉人面对着大量的刑事案件,基于经验,往往会下意识地更加理性地"打击"犯罪,而辩护人面对的是家属和犯罪嫌疑人,更能关注到其犯罪原因、家庭情况等诸多个性化因素,因此偶尔会略带感性。

所以,谈及辩护方的破题,应该考虑以下几个因素:

第一,辩护人天生带有"反对"和"怀疑"的属性,因此在审视每一份证据,看待每一个结论时,都需要有所怀疑,比如:被告人的供述和证人的证言是否有撒谎的可能?如果有,那么真相是什么?为什么要说谎?比如:全案大部分证人证言都指向一个结论,但这些人是否能够充分证明这个结论,是否存在利害关系?是否有集体串供的可能?只有充分的怀疑,才能有充分的反对,才能有助于厘清案件事实,最终查清真相。

第二,在形成对案件大局观的同时,辩护人要注意从细节处着手,重点攻破。从经验而言,我们会说辩护人无须搭建起完整的构罪体系,但如果落实到制度层面,这其实和辩护人的主张也有很强的关联。比如,在有罪和无罪层面,辩护人常说无罪,"有罪"可以通过事实证明,而"无罪"的结论大概率通过反对"有罪"的论证得出,只要辩护人能够找到公诉人指控逻辑中存在的漏洞,让公诉人的指控无法达到"排除一切合理怀疑"的程度,就自然能够破坏其指控,形成有效辩护,发挥维护被告人正当权益的作用,[①]这也与刑事诉讼法的证明规则相呼应。因此,辩护人一方面需要形成对案件的大局观,这是对案件整体把握和对公诉人观点质疑的必然要求,但另一方面辩护人需要重点关注案件细节,提出具体明确的细节性观点,这就是辩护人拆解公诉人有罪或重罪观点的进攻手段。

在具体细节性问题的选择上,辩护人既可以针对行为、结果、因果关系、主观罪过等构成要件要素,也可以主张被告人的行为属于正当防卫等排除犯

---

① 参见胡志强、王振华:《论有限度的认罪认罚从宽辩护体系——基于两个认罪程序试点的实证分析》,载万春主编:《检察调研与指导》总第12辑,研究出版社2016年版。

罪性行为，简言之，只要能够打破公诉方的指控逻辑体系即可。相比对公诉人必须全面考虑案件事实，构建完善逻辑链条的要求，辩护人只需要在公诉人的指控中寻找漏洞和弱点，并进行攻击，就可以达到有效辩护的目的。

三、辩护人与被告人的配合

刑事案件的辩护，往往包含事实之辩和法律之辩，事实之辩需要围绕被告人的供述和辩解、证人的证言和其他证据进行，总的来说是以在案事实为依托。而法律之辩，则是在事实之上根据法律规定进行抽象，对行为性质、具体情节进行辩论。一位优秀的辩护人，会和自己的当事人之间形成默契的配合，当事人需要实事求是地告知律师案件真相、需要听取律师关于不同事实可能对应不同结果的专业意见，进而向法庭进行精准、客观的陈述，而不至于被误导或诱导。而辩护人需要仔细分析案件证据，听取当事人陈述和意见之后厘清案件事实，再慎重选择法律，结合事实与法律后在法庭上发表专业性更强的法律意见，说服法庭。也只有这样，法律之辩才能有意义，不然律师的工作将缺乏根基，无从深入。尽管《刑事诉讼法》及司法解释对律师权利保障日趋完善，但是在真实的刑事诉讼案件中，辩护律师行使诉讼权利会受到各种阻力，[①] 而在模拟法庭中，辩护人可以在几乎完全自由的条件下行使辩护权利。

在庭审活动中，辩护人的"战友"是被告人，和公诉人与证人之间的关系不同，辩护人没有挑选的余地。具体到模拟法庭竞赛而言，"战友"之间的配合也是评委关注的焦点所在。因此，无论是公诉人与证人之间，还是辩护人与被告人之间，都应当有配合意识，相互查漏补缺，以共同完成指控或者辩护目标。

在刑事模拟法庭之中，被告人经常是唯一完整知晓犯罪经过的人，因此在庭审正式开始之前，辩护人与被告人之间应当就案卷中并未载明的案件细

[①] 参见李国强、彭辉：《浅析刑事诉讼过程中律师执业权利的保障》，载万春、李雪慧主编：《检察调研与指导》总第30辑，研究出版社2019年版。

节进行交流与沟通，合理演绎出最符合辩护方利益的"经过"。只有将案卷中原有的漏洞补全，将被告人的行为合理化，才能最终达到理想的辩护目的。

不过，如果对比真实的庭审，模拟法庭的被告人还需要注意以下几个方面：

第一，不同的专业有不同的分工，辩护人是法律方面的专家，因此在法律问题的分析上，应当由辩护人进行。而被告人则更了解其所犯罪行的事实情况，更了解与被害人之间的恩怨情仇，更了解所在行业的特殊性质和专业知识，因此扮演被告人的同学需要深入案件所设定的"宇宙"，将自己想象成被告人本身，去深入了解被告人所处的境遇，去感受被告人的认知，去学习被告人所具有的专业知识和行业经验，然后以被告人的身份和视角来为自己辩护，而不是从专业的法律人的角度来评价被告人的行为，只有这样，模拟法庭的分工才有意义。

第二，模拟法庭的时间是有限的，因为被告人的回答也需要一针见血或者言简意赅，哪怕在真实的法庭中，如何让法官在最短的时间内获取最直观有效的信息，也是每一次法庭发言所需要达到的首要目标。因此，公诉人可能会问哪些问题，法官可能关注哪些细节，都需要烂熟于心，最终实现有效输出。

第三，在庭审安排中，往往有被告人向证人（或被害人）发问的环节，需要注意的是，提问系针对问题的澄清，而非情绪的宣泄。在我们过往的比赛经验中，被告人对证人的发问常常沦为被告人对证人进行反问的环节，从评审的角度来看，单纯的情绪宣泄对案件的推进毫无意义。我们认为，一个清白的被告人害怕的是命运，而不是证人，[①] 所以这一发问环节如何才能做到有理有据、不卑不亢，是后续比赛中，作为被告人的同学要思考的地方。

当然，模拟法庭作为从课堂走向实务的重要桥梁，在本书中，我们认为亦有必要对实务中的相关经验进行进一步的补充和说明，以便学生能够更好地理解模拟法庭赛制背后那些被省略的步骤。《刑事诉讼法》规定，犯罪嫌

---

① 参见张明楷：《刑法格言的展开》（第3版），北京大学出版社2013年版，第536页。

疑人自被侦查机关第一次讯问或采取强制措施之日起，即有权委托律师作为辩护人，律师有权会见犯罪嫌疑人，此时案卷材料尚未形成，因此律师和被告人的沟通就显得尤为重要，一方面这是律师了解案件初步情况的绝佳机会，另一方面和犯罪嫌疑人的初次沟通，也有助于对其进行释法说理，防止犯罪嫌疑人在被误导和诱导等情况下作出不符合客观事实的供述。因此，实务中的律师和当事人间的沟通就显得尤为重要，如果犯罪嫌疑人或被告人和律师可以相向而行，那么辩护工作势必会事半功倍。

四、辩护方需要准备的文书

在庭审中，公诉人要宣读起诉书，辩护人也需要宣读辩护词，除此之外，辩护人还需要准备辩护意见概要、发问提纲、质证提纲，在某些案件中，还需要准备举证目录和提纲。

其实，如果我们从全局的目光来思考，在庭审之初，由于尚未进行实质性的质证和审理，所以辩护人发表的意见不宜过分详细，否则言之无物。但伴随着公诉人宣读完起诉书，辩护人自然需要针对起诉书亮出正常辩护的基本观点，到底是有罪还是无罪，抑或是罪轻，是事实存疑，还是定罪错误，这些基本观点的亮明有助于庭审高效有序地推进。而伴随着讯问、询问、举证质证环节的进行，各方开始在事实层面进行一轮轮的交锋，此时针对在案证据，各方都要对其合法性、真实性，尤其是关联性及证明目的充分发表意见，以方便合议庭了解全案的事实，为后续的辩论打下基础，因此发问提纲、质证提纲就需要详细列明观点。最后，当证据层面的讨论告一段落，各方就要结合证据，进行法庭辩论，此时辩护意见更侧重于法律层面的充分论证。

至此，我们可以发现这些文书实际上应该是按照总（概括）—分（详细）—总（详细）的模式进行准备的。

首先，针对辩护意见概要，一般需要言简意赅、百字左右，亮明辩护的基本观点，对起诉书中的重点内容予以简单回应即可。在模拟法庭中，如果辩护方需要在庭前参与交换文书，参与交换的即为辩护意见概要，因此，在辩护意见概要中适当地模糊重点也是必要的，具体思路可以留待开庭之后的法庭调查、法庭辩论环节再向合议庭展示。

其次，发问提纲是针对被告人和出庭证人发问而设计的问题。需要注意的是，因为辩护人往往无法提前知道公诉方的证人选择，所以在庭前准备时就需要针对不同的证人分别准备不同重点的发问提纲，才能起到在公诉方逻辑之中寻找漏洞的效果。而对被告人的发问体现的就是辩护方的团队配合了，在发问被告人时，辩护人实质上只会起到引导作用，问题应当尽量言简意赅，具体的有效信息应当由全案过程的亲历者，即被告人来提供。在庭前准备时，辩护方应当根据案卷内容，仔细设计被告人的身份、行为、处事逻辑等，对案卷材料进行合理演绎，使被告人的当庭供述为辩护人的辩护思路服务。对此，第三章有详细论述。

再次，质证提纲是辩护方对全案证据的综合认识，从某种程度上说，质证提纲结合对被告人、证人的发问之后，在法庭调查阶段就能清晰体现辩护人的核心观点，由此可见质证提纲的重要性，对此，第四章有详细论述。

最后，辩护词是在法庭辩论阶段发表的文书，是对法庭调查阶段陈述的质证意见以及相关法律规定的总结，优秀的辩护词应当将证据与法律规定融合在一起，除立论外，还应当有驳论，应当对公诉人在法庭调查及法庭辩论阶段出现的指控逻辑漏洞一一进行驳斥，对此第五章有详细论述。

根据《刑事诉讼法》的规定，辩护方补充举证出示的证据应该是新证据，即在案卷中未载明的证据。在司法实践中，一般表现为辩方自行调查获取的证据，因模拟法庭活动所限，辩方无法调查取证，因此，辩方出示的新证据表现为案卷材料中公诉人未出示的证据。对公诉人已经出示证据的意见，通过发表质证意见表达观点即可。辩护方如认为公诉人未出示的证据有利于辩护，则应当在庭前向法庭递交举证目录，在法官允许之后，于举证阶段向法庭出示该部分证据，并由公诉方进行质证。

与公诉方准备文书的顺序一样，辩护方也应当最先制作庭审中最后发表的辩护词，其内容应当紧紧围绕起诉书的指控，提出公诉方的漏洞和问题，围绕法庭调查阶段的发问和质证展开。在辩护词的基础上，再制作发问提纲、质证提纲，只有这样，才能确定发问提纲和质证提纲的具体内容，才能确定如何设计问题，如何回应公诉人对证据的展示。

第三章
刑事模拟法庭的发问

Chapter 3

第一节 发问的基本要素和庭前准备

《刑事诉讼法》第 191 条规定："公诉人在法庭上宣读起诉书后，被告人、被害人可以就起诉书指控的犯罪进行陈述，公诉人可以讯问被告人。被害人、附带民事诉讼的原告人和辩护人、诉讼代理人，经审判长许可，可以向被告人发问。审判人员可以讯问被告人。"第 194 条规定："证人作证，审判人员应当告知他要如实地提供证言和有意作伪证或者隐匿罪证要负的法律责任。公诉人、当事人和辩护人、诉讼代理人经审判长许可，可以对证人、鉴定人发问。审判长认为发问的内容与案件无关的时候，应当制止。审判人员可以询问证人、鉴定人。"

如前文所述，发问是法庭调查的重要组成部分，通过发问，能够向法庭展示案件事实，方便法庭明晰争议焦点。在真实庭审中，发问的重要性并未得到凸显，模拟法庭的发问在某种程度上走在了真实庭审的前列。

一、发问的基本要素

模拟法庭实训旨在全方位训练和提高法科生的庭审实务水平[①]，力争全方位还原或创造贴近真实的庭审环境，因此，在发问环节会包含以下基本要素。

(一) 发问的主体

所谓发问的主体即在庭审中谁可以发问，在模拟法庭中，审判人员主要负责诉讼进程的掌控或在模拟法庭竞赛中担任评委，为确保公平、公正，有

---

① 在真实庭审中，通常为了提高诉讼效率、节约诉讼成本，会相应地简化诉讼流程，证人出庭比例相对较低。上海市第二中级人民法院曾发布《2016—2018 年刑事案件证人出庭作证审判白皮书》，据记载，2016—2018 年上半年该院共审结一审案件 300 件，一审证人出庭作证的案件数量达 22 件，证人出庭率达 7.3%。

别于真实庭审，审判人员在模拟法庭中一般不会讯问被告人或者询问证人、鉴定人；另外，模拟法庭一般也不设立附带民事诉讼的原告人、诉讼代理人等角色，因此，模拟法庭的发问主体主要是：

1. 公诉人。模拟法庭中的公诉人角色可以在庭审过程中围绕起诉书指控的事实向被告人进行讯问。如前文所述，公诉人还需要根据案件证据情况选择最适合的出庭证人，并在庭审举证过程中，对证人进行发问。

2. 辩护人。模拟法庭中的辩护人角色可以在公诉人发问的基础上，围绕辩护观点以及争议焦点向被告人进行发问。同时，在举证环节，辩护人还需要对公诉人申请出庭的证人进行发问。

3. 被告人。被告人可以向出庭证人发问。

（二）发问的分类

《最高人民法院关于适用〈中华人民共和国刑事诉讼法〉的解释》第242条规定："在审判长主持下，公诉人可以就起诉书指控的犯罪事实讯问被告人。经审判长准许，被害人及其法定代理人、诉讼代理人可以就公诉人讯问的犯罪事实补充发问；附带民事诉讼原告人及其法定代理人、诉讼代理人可以就附带民事部分的事实向被告人发问；被告人的法定代理人、辩护人，附带民事诉讼被告人及其法定代理人、诉讼代理人可以在控诉方、附带民事诉讼原告方就某一问题讯问、发问完毕后向被告人发问。根据案件情况，就证据问题对被告人的讯问、发问可以在举证、质证环节进行。"第259条规定："证人出庭后，一般先向法庭陈述证言；其后，经审判长许可，由申请通知证人出庭的一方发问，发问完毕后，对方也可以发问。法庭依职权通知证人出庭的，发问顺序由审判长根据案件情况确定。"由此可知，我国刑事诉讼程序对发问并没有进行明确分类。

对发问的分类，部分域外立法可提供一定程度的参考。例如，《美国联邦证据规则》第611条规定了询问证人和提出证据的方式和顺序："……（c）诱导性问题。在直接询问中不应当使用诱导性问题，除非为展开证人证言所必需。在下列情况下，法院通常应当允许提出诱导性问题：（1）交叉询问时；以及（2）一方传唤敌意证人、对方当事人或者与对方当事人认同之证人时。"《德国刑事诉讼法典》第239条规定了交叉询问："（一）经检察院和辩护人同时申请，审判长应将检察院和被告人提名的证人、鉴定人交给他们询问。检察院提名的证人和鉴定人，应由检察院首先发问，被告人提名的应由辩护人首先发问。（二）在上述询问之后，审判长应就他认为为进一步查明案情所必要的问题询问证人和鉴定人。"《日本刑事诉讼规则》第199条之二规定："诉讼关系人在最初询问证人时，依照下列顺序进行：一、请求询问证人的人询问（主询问）；二、对方询问（反询问）；三、请求询问证人的人再次询问（再次主询问）。诉讼关系人经审判长许可，可以再次询问证人。"由此可知，域外刑事诉讼规则按照申请证人的主体以及发问对象的不同，一般将发问分为直接询问和交叉询问（事实上，美国的交叉询问在内涵上等同于反询问），主询问、反询问和再主询问等。

在模拟法庭中，为提高法科生庭审实务与临场反应能力，需要参考英美法系的相关制度以加强发问环节的对抗性，同时，为给模拟法庭教学提供便利，本书将发问分为直接询问与交叉询问两类。

如前文所述，模拟法庭会将选手分为两大组，即公诉组与辩护组，公诉组包括公诉人与公诉方向法庭申请出庭的证人；辩护组则包括辩护人与被告人。在英美法系对抗制庭审中，简言之，可概括为：提出证人的一方对己方证人（包括被告人）的发问为直接询问，而相对方对该证人的发问为交叉询问。因此，本书所称直接询问指公诉人对公诉方申请出庭的证人进行发问，辩护人对被告人进行发问；交叉询问则指公诉人对被告人进行讯问，以及辩护人、被告人对公诉方申请出庭的证人进行发问。

（三）发问的基本程序

如前文所述，我国刑事诉讼庭审实务中，一般由审判长根据《刑事诉讼法》的相关规定，掌控庭审程序、把握庭审节奏，各诉讼参与人在审判长的指挥下依次发问。对被告人的发问在法庭调查的发问环节进行，对证人的发问则在法庭调查的举证环节进行，基本程序如下：

1. 发问环节。公诉人宣读起诉书，被告人对起诉书发表意见之后，审判长指令："公诉人可以就起诉书指控的事实讯问被告人"，由公诉人围绕起诉书指控的事实向被告人进行讯问。公诉人讯问完毕后，审判长指令："辩护人可以对被告人进行发问"，由辩护人围绕辩护观点在公诉人讯问的基础上向被告人进行发问。在真实庭审中，控辩双方完成一轮发问后，会由审判长围绕犯罪事实、罪名、情节，在控辩双方发问的基础上，进行补充发问并在发问后随即进入举证质证环节。而在模拟法庭中，为确保公平、公正并增加对抗性，审判长一般不会对被告人进行发问，而是会提示控辩双方："控辩双方是否还有问题需要向被告人发问"，此时，控辩双方可以根据被告人的回答以及对方的提问，来决定是否需要向被告人补充发问。当审判长宣布："现在公诉人可以就起诉书指控的事实向法庭举证"，即宣告发问环节终结。

2. 举证质证环节。控辩双方对于证人的发问在举证质证环节进行，根据模拟法庭规则，仅有公诉方可以申请证人出庭（未来规则可能会发生变化，允许辩护人申请证人出庭）。法庭宣布公诉方可以举证后，公诉人可以在任意一组证据中，向法庭申请证人出庭。虽然，公诉人在庭前需要向人民法院递交《证人出庭申请书》，但在庭审过程中，公诉人仍需当庭表明："为更好的查明案件事实，公诉人现向法庭申请证人×××出庭作证"，法庭准许后随即传召证人出庭，在法庭查明证人身份、与本案关系并告知证人权利、义务后，审判长指令："公诉人可以向证人发问"，由公诉人围绕指控目的向证人发问。公诉人发问完毕后，审判长分别指令辩护人、被告人向证人发问，一般由辩护人先行发问，被告人在此基础上补充发问。同样地，在控辩双方均发问完毕后，审判长会提示双方进行补充发问，需要强调的是，与发问被告人不同的是，虽然在形式上同样是发问，但发问证人在程序上属于举证质证的组成部分，因此，在完成发问之后，控辩双方还需对该证人证言发表举证质证意见。

二、发问的庭前准备

无论是公诉人还是辩护人，想要高质量地完成出庭工作，从容应对庭审中可能突发的问题，充分的庭前准备非常重要。在司法实践中，除细致阅卷并制作阅卷笔录外，公诉机关一般会要求出庭公诉人制作"三纲一词"即发问提纲、举证提纲、答辩提纲以及公诉词（公诉意见书）。在庭审中，公诉人在"三纲一词"的基础上根据庭审情况及时调整出庭策略。虽然辩护人并没有相应的规定与约束，但针对疑难复杂且争议较大的案件，大部分辩护人也会在庭前相对应地准备发问提纲、质证提纲、辩论提纲以及辩护词。在模拟法庭中，被选取的案件一定是疑难复杂且争议较大可供控辩双方充分对抗的案件，因此，无论是公诉组还是辩护组，针对模拟法庭的发问环节都必须在庭审前准备发问提纲。制作发问提纲，本书认为可以大致分为以下三个步骤：

（一）明确发问分组

如前文所述，模拟法庭一般会还原真实庭审的全部流程，其中公诉人和辩护人角色主要参与发问、举证质证、法庭辩论环节。一场高质量的庭审，控辩双方除了要思路清晰、反应敏捷、应对自如，还要有明确的逻辑架构并且一以贯之，三个环节前后呼应是更深层次的要求。如果发问、举（质）证不能为最终的辩论环节服务，不能支撑指控或辩护观点，则整个庭审就会给人以各环节之间各自为战、逻辑不统一甚至思路混乱的感觉。

因此，本书认为，在模拟法庭中，公诉组在完成阅卷工作之后，应当首先根据事实、证据情况结合法律规定搭建指控逻辑，以此完成公诉意见书的结构框架；其次，公诉人应当根据公诉意见书的逻辑框架完成举证分组（如何进行举证分组将在第四章中详述）；最后，公诉人应当根据举证分组相应地设置发问分组。例如，针对一起受贿案件组织模拟法庭，公诉人在举证环节中决定分四组向法庭出示证据，分别为第一组，证实被告人系国家工作人员身份的证据；第二组，证实被告人利用职务之便为他人谋取利益的证据；

第三组，证实被告人收受他人财物的证据；第四组，证实被告人到案情况的证据。那么，公诉组在庭前准备发问提纲时，也应当按照该分组设置发问顺序，即首先讯问被告人单位及任职情况等问题；其次讯问被告人为他人谋取了什么利益？以及谋取利益的手段等问题；再次讯问被告人收受他人财物的时间、地点、金额等问题；最后讯问被告人到案经过等问题。

而对于辩护组而言，则无须如公诉组一般面面俱到，也不承担举证责任。因此，辩护人首先要做的是根据案件事实、证据以及被告人辩解确立辩护观点，并完成辩护词的大致框架结构；其次，根据辩护词结构，明确需要通过发问来支撑辩护观点的部分，辩护意见中与法律适用有关的观点一般不属于应当发问的内容；最后，根据辩护需要明确发问分组。例如，针对一起故意杀人案件组织模拟法庭，公诉人指控被告人构成故意杀人罪，辩护人则认为被告人构成过失致人死亡罪，辩护人有被告人主观上没有杀人的故意、客观上没有杀人的行为、被害人死因存疑以及被告人具有自首情节等辩护观点。很显然，其中关于死因存疑以及故意杀人和过失致人死亡等法律适用问题无须依靠发问来支撑观点，那么辩护人的发问应当针对主观故意、客观行为以及到案经过等三部分来设置发问分组。

（二）设置发问内容

庭审发问方式均为一问一答，被发问对象无论是被告人还是证人均没有提问的权利。因此，控辩双方在庭审前所准备的发问提纲中，最重要的部分便是列举所有在庭审过程中必须要问的问题，本书认为，模拟法庭中的提问应当遵循以下原则：

1. "明知故问"原则。与司法实践类似，模拟法庭中控辩双方在发问环节尤其是对被告人的发问均属于"明知故问"，这一原则在公诉方体现的尤为突出。因为被告人在庭审前在侦查机关会有多份供述作为在案证据，且模拟法庭素有不允许被告人翻供的规则。因此，控辩双方对于被告人、证人在庭审过程中会如何回答问题应当很大程度上是心知肚明的，之所以仍需在庭审中以发问的方式让被告人、证人来回答，一方面是为了在庭审过程中进一步查明事实，并了解被告人的认罪态度；另一方面更为重要的是通过发问来表达本方观点。因此，本书认为，发问环节是"辩论的开始"，且相对于被告人、证人的回答，公诉人、辩护人的问题更为重要，因为问题本身就透射着控辩双方的观点。

2. 简明扼要原则。与司法实践不同的是，模拟法庭有着严格的时间限制，根据最近的全国大学生模拟法庭竞赛规则，控辩双方在法庭调查阶段均只有20分钟时间，控方时间包括公诉人发问、公诉人举证与交叉回应、证人回答等公诉组全部选手的发言时间；而辩方时间则包括辩护人提问、辩护人质证与交叉回应、被告人回答等辩护组全部选手的发言时间。由此可见，模拟法庭的发问应当在以下三个方面遵循简明扼要原则：一是发问的范围应当精简，司法实践中，发问范围不受限制，尤其是公诉人往往需要面面俱到，但在模拟法庭中，控辩双方应当围绕公诉和辩护意见选择重点范围进行发问。一些在真实庭审中可能会问到的问题以及确认的细节可能需要被省略，典型的如实践中，控辩双方尤其是公诉人经常会在发问开始时首先确认被告人供述真实性，或者在被告人推翻以往供述时宣读相关笔录来要求被告人确认，而在模拟法庭中为了节省时间则通常不会采取同样的方式，而是在举证质证环节一并予以说明。二是发问的内容应当简要，模拟法庭发问时间有限，但发问阶段所提出的问题又是发表观点的重要表现形式，同时也是竞赛时重要的评判标准，因此，发问时的语速不应当过快。这就要求在做发问的庭前准备时，应当尽可能地简化发问时的语言，突出重点，能表达发问意图即可。三是回答的内容应当精练，对于控辩双方来说，对手方回答问题的时间不会计算在本方的用时内，因此，此处的回答主要是指本方选手的回答即对公诉组来说证人的回答，以及对辩护组来说被告人的回答。赛前扮演证人、被告人角色的选手会和公诉人、辩护人一同准备，对本方选手可能会问的问题是明确的，所以，该如何回答这些问题也是发问环节庭前准备的重要部分。控辩双方应当提前准备证人、被告人回答本方问题的具体内容，并尽可能精练简要以节省本方时间，同时也应当制定证人、被告人回答对方问题的策略，以防止对方恶意采取"题海战术"（通过不断提问要求证人、被告人解释）消耗本方时间。

3. 表明目的原则。司法实践中，发问的目的主要还是查明犯罪事实，所以，庭审发问环节均以"一问一答"为基本表现形式。但正如前文所述，模拟法庭的发问环节除查清事实之外，更兼具发表观点以及判断发问目的是否与公诉、辩护意见相匹配的评审目的。因此，本书认为，模拟法庭的发问环节应当在向发问对象提出问题的同时，向合议庭表明发问目的。一般可采取两种方式：一是在发问前提示，即在发问前向合议庭提示，之后要提出的问题是为了查明哪一部分事实；二是在发问后总结，即在发问后向合议庭总结，通过刚刚的发问和被发问对象的回答，可以得出哪些结论。前者比较简洁但表达观点的作用不明显，适合问题数量较多，或者案件本身事实与法律适用之间的联系比较清晰，比较容易理解和被接受，即比较适用于题型为自然犯的模拟法庭；后者可以清晰地表达观点但会相对消耗更多时间，适合问题数量较少，或者提问本身需要解释才能让合议庭理解用意和目的，即比较适用于题型为法定犯的模拟法庭。

4. 避免重复原则。司法实践中，合议庭会对重复发问予以制止，这一点对辩护人尤为突出。而在模拟法庭中，在对方没有明确制止的情况下，合议庭对控辩双方的发问不会予以干涉。然而，无论是从节省时间还是给合议庭好的观感的角度出发，双方尤其是辩方应当避免出现重复发问的情况。这里着重强调辩方的原因在于，控辩双方都会在庭前拟定发问提纲，但庭审中公诉人先发问，难免会出现辩方事先准备好的问题提前被公诉人问到的情形，此时辩护人应当及时作出调整，变更发问方式或者直接删除该问题以避免重复发问。

（三）模拟发问情境

司法实践中，公诉人和辩护人在庭前除拟定发问提纲外，对部分重大、疑难、复杂案件还会组织庭前模拟，以应对在庭审中可能产生的各种突发情况。而在模拟法庭中，一般都会组织足够多的学生或者参赛选手分组准备控辩双方。因此，庭审前，控辩双方完全有条件进行庭前模拟。针对发问环节的庭前模拟，应当着重在以下几个方面针对发问提纲作出调整：

1. 发问顺序的调整。通过庭前对发问的模拟演练，可以结合模拟对方可能做出的回答来判断现有的发问顺序是否合适。若出现发问效果不佳，或者与对方被发问对象在某些细节问题上反复纠缠，便需要就发问分组和发问顺序进行调整。例如，在模拟法庭中，经常会按照刑法的相关基础理论将主观故意或者动机作为首先需要确认的问题，但由于涉及被告人的主观心态，通常会陷入反复追问但始终模棱两可的局面。如果在庭前模拟时就已发现上述情形，应当及时做出调整，以被告人客观行为作为切入点，佐证其主观心态，可以将主观方面的问题顺延或者删去。

2. 发问内容的调整。模拟法庭的庭前发问演练，不仅需要结合模拟情况调整发问顺序，还需要通过演练确认本方提问所需要的时间，若发现提问占据了大部分时间，导致后续阶段举证质证时间不够用，那就必须调整发问的内容，精简必要问题的语言，对效果不佳或者容易被对方利用误导合议庭的问题予以删减。

3. 回答策略的调整。通过对模拟法庭赛制的分析，我们不难得出这样的判断，即发问时证人、被告人的回答更占据本方用时。因此，虽然证人、被告人会与公诉组、辩护组一同参与包括破题讨论在内的模拟法庭庭前准备，但庭前对证人、被告人如何应对公诉人、辩护人提问，如何回答相关问题的训练仍然尤为重要。一方面，针对本方提问，也就是公诉人对证人以及辩护人对被告人的提问，可以通过庭前准备，判断证人、被告人的回答是否能够服务于本方观点、是否与在案证据有矛盾和冲突、是否足够简练，并结合演练情况对回答的内容进行有针对性的调整。另一方面，也是更为重要的是，对发问阶段的庭前演练，是帮助本方预判对方发问思路的重要手段。通过庭前模拟，分析预估对方可能会问的问题，并察看证人、被告人的应对方式，及时调整回答策略和回答内容。

第二节　直接询问技巧

如前文所述，本书以发问主体和发问对象的关系作为标准，参考英美法系对抗式庭审制度的相关设定，将发问环节区分为直接询问和交叉询问。本节所述直接询问，即指本方发问主体对本方负责提供的证人（被告人）所进行的询问，包括公诉人对证人的询问以及辩护人对被告人的询问。

一、公诉人发问证人技巧

模拟法庭中，公诉组在庭前应当根据本方的指控目的，结合案件证据情况，在现有证据范围内选取一名合适的人选作为出庭证人，如前文所述，本书所称的证人还包括被害人、鉴定人，因鉴定人涉及专门知识，为论证方便，本书将证人、被害人称为普通证人，鉴定人则单独归为另一类，分别针对不同的类型分析不同的直接询问和交叉询问技巧。

（一）公诉人对普通证人的发问技巧

对于证人、鉴定人发问的程序和基本内容，《人民检察院刑事诉讼规则》第406条规定："证人在法庭上提供证言，公诉人应当按照审判长确定的顺序向证人发问。可以要求证人就其所了解的与案件有关的事实进行陈述，也可以直接发问。证人不能连贯陈述的，公诉人可以直接发问。向证人发问，应当针对证言中有遗漏、矛盾、模糊不清和有争议的内容，并着重围绕与定罪量刑紧密相关的事实进行。发问采取一问一答形式，提问应当简洁、清楚。证人进行虚假陈述的，应当通过发问澄清事实，必要时可以宣读在侦查、审查起诉阶段制作的该证人的证言笔录或者出示、宣读其他证据。当事人和辩护人、诉讼代理人向证人发问后，公诉人可以根据证人回答的情况，经审判长许可，再次向证人发问。询问鉴定人、有专门知识的人参照上述规定进行。"

由此可见，司法实践中公诉人对证人进行发问的目的，一是确认遗漏、矛盾、模糊不清和有争议的内容；二是对证人的虚假陈述进行澄清。在模拟法庭中，由于证人系公诉组提供，因此不会出现矛盾争议或者虚假陈述，发问证人的主要目的是促使证人在庭审中陈述能够支持本方指控观点的关键事实。公诉组按照前文所述选定合适的证人后，对证人发问应当遵循以下步骤和方式进行：

1. 确认关键事实。模拟法庭与真实庭审一样，程序上均为纠问式审判制度，合议庭成员会在庭前拿到所有的案卷材料，也即对每一个证言所陈述的事实，合议庭成员都是知悉并且了然于胸的。因此，公诉组需要将对指控最有力的关键事实作为发问证人的主要方向，并在该事实上进行更深入的扩展与挖掘，以避免与书面证人证言过于雷同和重复。

2. 设定演绎范围。公诉人对证人的发问，以及证人的相应回答应当以支撑公诉机关指控为目的，在关键事实上进行一定程度的细化和深入。但是，模拟法庭以被告人不得翻供、证人不得翻证为主要原则和规则。因为证人若是大幅调整证言内容甚至无中生有，控辩双方会失去对抗的边界和基本依据，不符合组织模拟法庭的目的和初衷。因此，公诉组应当通过对发问证人的模拟演练，确认发问及回答适当演绎的范围和方式，以达到既符合模拟法庭规则，又能在一定程度上超越书面证人证言来支持指控的目的。

3. 庭审发问应对。在完成上述准备工作后，公诉人就可以在庭审过程中申请证人出庭并进行发问了。庭审中，针对普通证人的发问，公诉人应当完成以下任务：

首先，选择出庭时机。如前文所述，对证人的发问事实上是举证质证环节的组成部分，公诉人申请证人出庭也是在履行举证职责。因此，公诉人应当根据庭前确认的发问范围和内容，确定申请该证人出庭的合适时机，即确定该证人应当在哪一组证据当中出现。

其次，明确证人身份。需要说明的是，此处的证人身份并非指证人的姓名、年龄等自然身份情况,对这些情况的核对是合议庭的职责,公诉人要明确的是证人与本案之间的关系,以及证人是通过何种渠道知晓本案的事实,以此来作为证人证言真实性的重要依据。

再次,依序发问证人。确认证人身份后,公诉人即可按照庭前准备情况依序向证人进行发问。需要说明的是,前文提到在发问环节,如果问题不多争议较大,应当考虑在发问后对发问情况进行简要的总结。然而,发问证人是公诉人举证的一部分,公诉人无论是在陈述举证目的还是针对证言发表意见环节都可以向法庭总结发问情况。因此,公诉人在发问证人环节只需要依序提问即可,若问题较多,可以在发问前提示发问目的。

复次,适当进行补充。在辩护人对证人进行发问时,公诉人应当及时判断辩护人的发问目的,并分析辩护人是否已经通过发问对事实认定产生了影响。如果是,那么在审判长提示"控辩双方是否还要对证人进行发问?"时,应当及时向法庭表明"需要",并针对辩护人的发问情况向证人进行补充发问。

最后,总结证言情况。如前文所述,发问证人虽然形式上为发问,但实质上属于举证环节,且部分模拟法庭竞赛规则中明确设置了双方对证人证言发表举证质证意见的环节。因此,公诉人在对证人进行发问后,还应当针对证人当庭陈述和其他证据之间的印证关系,证人证言如何证明案件事实以及如何支撑指控意见进行简要的总结和说明。

公诉人发问证人案例演示

案情简介:2015年4月7日14时21分许,被告人古天伟驾驶宁EW7882号出租车载乘吴靖林,沿春江市天北区民安路由北向南行驶至春江市工商局门前跨机动车道与非机动车道分道线停车后,吴靖林打开车门下车,与后方驾驶二轮电动自行车沿民安路非机动车道由北向南直行的孔富贵发生碰撞,造成车辆损坏及孔富贵受伤的交通事故。事故发生后,古天伟驾驶宁

EW7882 离开，二轮电动自行车被推移至路边，无原始事故现场，民警到达现场后通过车辆信息，将驾驶员古天伟传唤到天北交警大队。孔富贵经春江市中心医院医治无效，于 2015 年 5 月 23 日死亡。

——2018 年第六届全国大学生模拟法庭竞赛赛题

公诉人根据被告人古天伟在本案中违反《道路交通安全法》的相关规定，结合交警作出的古天伟承担事故全部责任的认定，以及事故导致一人死亡的结果，指控其构成交通肇事罪。由于被告人古天伟违反交通法规，且在乘客下车时未尽提示义务并在事故发生后逃逸，同时又有乘客应在事故中承担责任的相关辩解，因此，公诉人选择乘客吴靖林作为出庭证人。

公诉人发问证人演示

公诉人：为更好地证明犯罪事实，现公诉人申请证人吴靖林出庭。

审判长：同意。

审判长：（核实证人身份信息并告知作证权利义务，略）现在公诉人可以就起诉书指控的事实发问证人。

公诉人：好的，证人吴靖林，公诉人现在向你进行发问，你应当就你知道的情况如实向法庭陈述，你清楚了吗？

吴靖林：我清楚了。

公诉人：2015 年 4 月 7 日下午 14 时许，你是否搭乘了牌号为宁 EW7882 的出租车？

吴靖林：是的。

公诉人：当时驾驶出租车的是否就是你旁边的被告人古天伟？

吴靖林：是的。

公诉人：公诉人现在就停车情况问你问题，到达目的地之后，出租车停靠在什么位置？

吴靖林：我记得当时就停靠在民安路工商局门口。

公诉人：当时停车的位置是在机动车道还是非机动车道？

吴靖林：当时我记得乘客一侧的车轮距离机动车与非机动车道分道线能有不到半米，乘客一侧的车轮压在非机动车道上，司机一侧的车轮在机动车道上。

公诉人：有一侧车轮还在机动车道上，也就是说，当时车辆并未完全靠边是吗？

吴靖林：是的。

公诉人：当时离上街沿还有多远你记得吗？

吴靖林：我记得还是有一段距离的。

公诉人：那么乘客一侧离上街沿的距离是否足够让其他非机动车通过？

吴靖林：这个距离是有的。

公诉人：你有没有催促司机停车？

吴靖林：我没有。

公诉人：那为什么司机当时没有靠边停车？

吴靖林：这个我不清楚，但是我感觉到他当时挺着急的。

公诉人：公诉人现在问你关于下车时的情况，你下车的时候有没有确认后方安全？

吴靖林：确实没有，当时我也没有意识到这个问题。而且我感觉司机挺着急的，所以搞得我有点着急，我就没注意。

公诉人：当时司机有没有提醒你要注意后方来车，在安全情况下开门？

吴靖林：没有，我没有听到他说类似的话。

公诉人：你是什么时候支付车费的？

吴靖林：下车之前就付了，我给了司机50元，他给我找了零。

公诉人：付钱找零是在你开门前就完成的吗？

吴靖林：是的。

公诉人：现在公诉人就发生碰撞及之后的情况向你发问，你开门时是否就和一辆电动车发生了碰撞？

吴靖林：是的，我一开车门，车门外侧就碰到电动车外侧车把，当时骑车的大爷就倒地了。

公诉人：当时电动车的速度很快吗？

吴靖林：这个我没有注意。

公诉人：发生碰撞之后，你做了什么？

吴靖林：当时我就下车查看并询问了大爷的情况，拜托路人报警和拨打 120。

公诉人：这个时候，出租车司机在做什么？

吴靖林：他下车之后就跟我说这是我的责任，让我去看大爷的情况，后来在路人报警之前，他就走了。

公诉人：也就是说，司机在没有报警和拨打急救电话，也没有把大爷送往医院的情况下，就离开现场了对吗？

吴靖林：是的。

公诉人：好的。审判长，通过上述发问公诉人需要向法庭说明的是，通过上述发问可以证实被告人古天伟在本案中实施了以下几个行为：第一，停车时违反道交法；第二，乘客下车时未履行安全注意义务；第三，发生事故后逃逸。公诉人发问暂时到此。

……

通过公诉人在发问前向法庭所作的提示，以及公诉人的相关问题，可以看出公诉人根据被告人庭前的辩解，预判了庭审中可能产生的争议焦点，并将证人证言中能够印证犯罪事实的关键部分分三组当庭向证人进行了发问，分别是：第一组，司机停车情况，以证人所目击的停车位置，证实被告人确实违反交通法规违法停车，是导致事故的一个原因；第二组，乘客下车时的情况，以证人关于下车时有关情况的陈述，证实被告人案发时未履行足够的安全提示义务，是导致事故的另一个原因；第三组，碰撞发生后的情况，以证人关于碰撞发生后有关情况的陈述，证实被告人在碰撞发生后既未报警也未拨打急救电话，而是直接逃逸的事实。通过对证人的发问，以支撑公诉机关认定被告人在事故中应当承担全部责任,进而构成交通肇事罪的指控逻辑。

(二)公诉人对鉴定人的发问技巧

区别于证人出庭的目的,鉴定人对案件事实是不了解的,模拟法庭中公诉人申请鉴定人出庭的目的,一般都是围绕鉴定意见的整体或者部分,以鉴定人的专业背景为依据,当庭对鉴定意见进行解释和说明。确定选择鉴定人作为证人申请出庭后,公诉人应当遵循以下步骤完成对鉴定人的发问任务:

1. 预判争议焦点。模拟法庭中,常见的鉴定意见有人身伤害类案件中的《尸体检验司法鉴定意见书》《法医学人体损伤程度鉴定书》,交通事故案件中的《车辆检验司法鉴定意见书》,侵犯财产类案件中的《价格鉴定结论书》以及各类案件中都可能会出现的《法医物证鉴定书》,等等。而鉴定意见一般会超越法学、涉及医学、会计学、工程学等其他科学,因此,公诉组应当谨慎选择鉴定人作为证人出庭,除非通过犯罪嫌疑人的庭前辩解,提前预判辩护方可能会作出与鉴定意见有关的抗辩。因此,在选择鉴定人作为证人后,公诉组首先就应当预判在鉴定意见中,哪些部分可能会成为庭审过程中的争议焦点。

2. 了解专业知识。一旦选择鉴定人作为证人出庭作证,就表示庭审过程对公诉组是否了解与鉴定意见相关的专业知识提出了相当高的要求。公诉人除了准备发问提纲,还应当根据对专业知识的了解提前准备对辩护人质证意见的答辩方案。而对于公诉组的一员证人角色来说,扮演鉴定人角色的难度要远高于普通证人,在熟悉鉴定意见全文的基础上,还要对相关专有名词、专业知识进行深入了解和研究,以应对辩护人可能会当庭提出的疑问。对鉴定人发问的庭前模拟也应当更加频繁和严格,以尽可能预判庭审中会出现的种种情况,并及时调整发问和证人回答策略。

3. 庭审发问应对。公诉人在模拟法庭庭审过程中对鉴定人进行发问应当遵循以下步骤：

首先，选择出庭时机。与发问普通证人一样，公诉人也应当在庭审过程中选择合适的时机向法庭申请鉴定人出庭，一般可以选择在宣读鉴定意见后，直接向法庭表示："为更好地释明鉴定意见中的相关专业问题，公诉人现向法庭申请本案鉴定人出庭。"

其次，明确发问程序事项。不同于一般证人证言，鉴定意见有着更高的程序性要求，例如，鉴定机构和鉴定人应当具备合法资质，鉴定程序应当符合相关规定，鉴定程序、方法、分析过程应当符合专业要求等。因此，在就鉴定意见的具体问题进行发问前，公诉人应当用一些简要的问题来明确上述程序事项。

再次，依序发问鉴定人。对普通证人的发问，一般以公诉人为主导，通过发问在查明事实的同时，表达公诉人的指控观点。而对于鉴定人的发问，应当以鉴定人为主导，以公诉人的问题作为引导，使鉴定人能够在庭审中对鉴定意见中的相关专业问题向法庭以及辩护方进行说明，同时对鉴定意见中可能产生争议的内容进行解释。

最后，总结发问内容。公诉人一般应当在宣读鉴定意见后，径直向法庭申请鉴定人出庭，因此，在对鉴定人进行发问后，公诉人应当直接将鉴定人当庭陈述的情况与鉴定意见一同进行举证阶段的分析论证。

公诉人发问鉴定人案例演示

案情简介：2016年6月5日上午9时许，被告人曹东旺的妻子冯媛媛与被害人曹东林的家属张曼因堆放木柴时的地界问题产生纠纷，随后赶来的曹东旺与曹东林发生扭打。被告人曹东旺向被害人曹东林的头部、胸部以及腹部等多个部位重击数拳。被害人曹东林回家后身体渐感不适，并出现腹痛、便秘等状况，遂住院治疗，2016年6月8日18时许，曹东林经抢救无效死亡。经鉴定，被害人曹东林符合自身罹患神经纤维瘤并累及腹腔器官及血管病变的基础上，与他人纠纷过程中腹部受到外力作用促发自身病变血管破裂，引发腹腔膜后大出血，致失血性休克死亡。

——2016年第二届上海市大学生模拟法庭竞赛赛题

公诉机关以被告人曹东旺故意伤害他人身体，致人死亡，指控其构成故意伤害罪。本案中被害人自身患有神经纤维瘤的疾病，而其在与被告人发生打斗后，曾去医院就诊，回家后又曾搬运重物（400斤西瓜）。公诉方判断辩护人就本案的鉴定意见会提出较多质证意见，同时质疑被害人死亡与被告人行为之间的因果关系，因此，公诉方选择在庭审中申请鉴定人出庭。

公诉人发问鉴定人演示

公诉人：审判长，鉴于公诉人刚刚宣读的鉴定意见中有相当数量的专业知识，且本案被害人确实自身罹患疾病，为查清本案中行为与结果之间的因果关系，对鉴定意见有更清晰的认识，公诉人申请本案鉴定人张磊出庭，请法庭准许。

审判长：同意。

审判长：（核实证人身份信息并告知作证权利义务，略）现在公诉人可以发问鉴定人。

公诉人：张磊您好，请问您是在哪个单位工作的？

张 磊：我在司法鉴定科学技术研究所司法鉴定中心工作。

公诉人：您从事的具体工作是什么？

张 磊：我主要负责接受委托对尸体进行解剖和死因鉴定。

公诉人：在曹东旺故意伤害一案中，曹东林的尸体是您做的解剖并且出具的死因鉴定吗？

张 磊：是的。

公诉人：您当时给出的鉴定意见是什么？

张 磊：我记得这个被害人是自身患有神经纤维瘤并累及腹腔器官及血

管病变的基础上，在和他人发生打斗时遭受外力作用导致其血管破裂，引发腹膜后大出血，最终导致失血性休克死亡。

公 诉 人： 被害人自身所罹患的神经纤维瘤，如果没有任何外力作用，会破裂吗？

张　　磊： 一般是不会的，本案中其实并非神经纤维瘤破裂，而是神经纤维瘤这个病通常会导致血管变细或者硬化，然后又遭受了外力打击，所以才导致血管破裂，最终大出血死亡。

公 诉 人： 那么这种疾病会因为从事重体力工作而引发血管破裂吗？

张　　磊： 一般也是不会的，就像我刚刚说的，本案中血管破裂的原因是变细硬化的血管遭到外力的打击，这种情况一般血管是不会因为从事重体力工作就破裂的。

公 诉 人： 从尸体检验情况是否能够判断曹东林受伤的时间？

张　　磊： 我在尸检时发现出血部分可见纤维素样物渗出，由此推断他持续出血已经有几天时间了。

公 诉 人： 如果已经出血了，他还能从事重体力劳动吗？

张　　磊： 一开始的时候应该是没有问题的，但是随着出血量的增大，一些症状会慢慢地表现出来，身体状况也会越来越差。

……

公诉人在庭审前通过分析被告人在庭前的供述以及对辩护人辩护意见的预判，认为辩护人可能会就本案提出死因不明，以及死亡结果与行为之间因果关系不明等辩护意见，因此申请鉴定人出庭，并通过发问来排除被害人的死亡结果系其他原因造成的可能性，进一步证实被告人的行为是导致被害人死亡的重要原因。

二、辩护人对被告人的发问技巧

与公诉人发问被告人、证人不同的是，辩护人对被告人、证人的发问并没有如《人民检察院刑事诉讼规则》类似规定作为指引，因此，在庭审实务中，辩护人的发问一般比较自由，并没有固定的框架和范围。其中，辩护人对被告人的发问是直接询问，通过发问来服务辩护意见，为之后的质证与辩论环节进行铺垫。辩护人的发问应当遵循以下步骤：

1. 确认需要在本阶段亮明的观点。模拟法庭与庭审实务一样，在公诉案件第一审程序中，辩护人在发问、举（质）证、辩论等所有环节中都是后发言的一方，且公诉人在举证环节可以通过分组举证基本完整地展现指控逻辑，而辩护人的质证则只能零散地针对每一份证据提出质疑，缺乏系统性。辩护人第一次可以系统性展现辩护观点是在辩论阶段发表辩护意见时，此时，公诉人不仅举证完毕，也已经发表了公诉意见。可以说，经过这些环节后，法庭对公诉人的指控逻辑已经留下了深刻的印象，辩护方若要改变法庭的印象，其困难程度可想而知。因此，辩护人应当在发问阶段就选择一些可以用提问方式来亮明的观点，作为辩护人发问被告人的主要方向。

2. 调整提问方式和回答策略。针对辩护人对被告人的发问，在庭前模拟过程中，不能仅仅关注被告人的回答是否有利于支撑辩护意见，是否存在原则性的错误以及与其他证据存在冲突等，还应当着重关注是否能鲜明呈现出辩护人的观点，让法庭通过发问和被告人的回答就能判断辩护意见的主要方向。

3. 庭审发问应对。在辩护人发问被告人之前，公诉人已经就基本犯罪事实对被告人进行了全面的讯问，因此，辩护人首先应当仔细聆听公诉人的发问以及被告人的回答，在发问之前进行两处调整：一是删除发问提纲中公诉人已经发问的问题，避免出现重复发问的情况；二是对被告人回答公诉人问题时，未能解释清楚容易引起误解的部分，应当及时予以纠正和补充，即便没有在原本准备的发问提纲中。其次，在对发问提纲进行必要的调整之后，辩护人就可以按照庭前准备依序对被告人进行发问。在庭审实务中，辩护人在发问阶段仅能提问而不能陈述，否则很大概率会被合议庭制止。但在模拟法庭中，辩护人却有必要在发问阶段就展现辩护方的观点。因此，辩护人在对被告人进行发问时，不适宜采用在发问前表明发问目的方式，更建议采用在发问后进行总结的方式,这更有利于为发表辩护意见做铺垫。最后,辩护人应当对整体发问环节作简要的总结,但不适宜长篇大论,否则会和辩护意见重复,建议可将辩护意见的框架和标题作为此处的总结。

辩护人发问被告人案例演示

古天伟交通肇事案,案情简介:略,见上文。

审判长:现在辩护人可以发问被告人。

辩护人:好的,审判长。被告人古天伟,我是你的辩护人,现在对你进行发问,你不用紧张,如实向法庭陈述就行了,明白了吗?

古天伟:好的,明白了。

辩护人:刚才你回答公诉人的问题,你说你将车辆停在机动车和非机动车道分道线上,你当时为什么要这样做?

古天伟:因为当时乘客着急下车,让我快点停车。

辩护人:如果不是乘客催促,你当时会在那里停车吗?

古天伟:肯定不会,我知道这是违反交通法规的,我也跟乘客说过了,但是他不听,他非常着急,不断催我,我实在没办法只能停在那里了。

辩护人:提请法庭注意,被告人确实违停,但并非他一个人的责任,乘客吴靖林的催促同样是重要原因。辩护人现在继续发问,你停车时在乘客下车前,有没有看过后方来车情况?

古天伟:我看着的,当时后方是没有车辆的。

辩护人:那你是否提醒乘客开门时要注意后方安全?

古天伟:当然提醒了,我是老司机了,每次乘客下车开门我都会提醒的,但是那个乘客实在太着急了,他付了50块钱给我,我一边找钱一边提醒他,但是他连找零都没有拿就马上开门了。

辩护人:所以,他着急下车,可能连你提醒他都没有听到,是吗?

古天伟:我肯定是提醒了,如果他没有听见,说明他当时真的太着急了。

辩护人： 你当时在后视镜里没有看到被害人驾驶的电动车吗？

古天伟： 确实没有看到，我后来在帮乘客找零，他开门的时候那辆电动车刚好开过来。

辩护人： 提请法庭注意，被告人在乘客开门前确实履行了提示义务，乘客太着急、没有听到提示，且开门又过于着急都是造成本案的原因。

辩护人： 事故发生后，你做了什么？

古天伟： 我当时下车查看了老大爷的情况，还告诉他如果不舒服一定要去医院。当时我认为发生事故的责任都在乘客身上，他也明显吓到了，所以我还安慰他，还跟他说不行就报警处理吧，然后我才离开的。

辩护人： 那你为什么自己不报警不拨打急救电话？

古天伟： 一方面，我看老大爷似乎没什么事，不需要送医院，他自己也说不用。另一方面，我认为应该是乘客的责任，我也关照过他应该报警。后来我看应该没我的事，我才走了。

辩护人： 综合上述发问，辩护人需要提醒合议庭注意，本案中被告人并非没有责任，但乘客的一系列行为也是导致事故发生的非常重要的原因。而所谓逃逸也并非被告人刻意为之，是其误以为自己无责，才在履行了最基本的询问义务之后离开现场。辩护人发问完毕。

——2018 年第六届全国大学生模拟法庭竞赛赛题

  本案中，被告人违反交通法规停车以及未能切实履行安全提示义务，且在交通事故发生后离开现场的行为是毋庸置疑的。因此，辩护人的辩护观点系在承认被告人应当对事故承担责任的基础上，强调乘客在本案中的行为及其所应当承担的责任，同时强调被告人离开现场并非畏责逃离，而是误认为自己没有责任而离开，不应认定为逃逸。通过上述观点，尝试推翻交警部门作出的被告人承担全部责任的事故责任认定，并建议法庭认定被告人承担同等责任，在死亡一人的情况下，被告人的行为就不能构成交通肇事罪。上述发问，正是基于辩护观点展开，同时，通过发问和总结，让法官能够在发问阶段就对辩护意见有初步印象，为后续的庭审奠定基础。

第三节　交叉询问技巧

如前文所述，本书将模拟法庭中的直接询问，定义为本方发问主体对本方负责提供的证人（被告人）所进行的询问。顾名思义，本书对模拟法庭中交叉询问的定义，系指本方发问主体对对方提供的证人（被告人）进行发问，包括公诉人对被告人的讯问以及辩护人对证人的询问。

一、交叉询问的职责

通过对交叉询问的定义不难发现，交叉询问的对象一般都是所谓"敌意证人"，也即交叉询问中的发问对象在庭审中所作出的陈述一般都会与本方的指控或者辩护目的相悖。因此，模拟法庭中的交叉询问环节应当承担如下职责。

1. 发问有利事实。即使交叉询问的对象是对方负责提供的证人，但通过对案卷的审查，也能分析证人陈述中对本方有利的事实。通过对有利事实的判断以及庭审中有针对性地发问，使合议庭能够采纳该有利事实。由于交叉询问对象一般都为对方观点"服务"，那么该对象所作出的对本方有利的陈述反而会更具真实性，更容易被合议庭采纳。

2. 解释不利事实。控辩双方在模拟法庭庭审之前，应当对交叉询问的方案进行充分的设计与准备。对公诉方而言，应当仔细阅看被告人庭审之前的供述，分析被告人所作的辩解，判断该辩解的真实性。对辩护方而言，则应当首先预判公诉方可能会选择何人作为申请出庭的证人；其次仔细阅看该证人的在案证言，预判公诉方申请该证人出庭的原因和其当庭可能做出陈述的范围；最后分析该证人证言的真实性。若控辩双方认定被告人、证人所作陈述不实，应设计相应发问策略，在庭审中通过交叉询问，揭露被告人、证人所作的虚假陈述，以向合议庭解释陈述对本方不利的事实。

3. 弹劾对方"证人"。控辩双方应在判断证人（被告人）所陈述事实是否真实、是否有利于本方观点之外，还应当判断证人（被告人）本身是否存在证人资格以及证明能力的问题，进而判断是否需要当庭对证人（被告人）进行弹劾。需要被弹劾的情形一般包括：（1）证人和本案具有利害关系。例如，证人系本案的被害人或者被害人亲属，那么其作出的对被告人不利的证言在真实性上就存在疑问。（2）证人（被告人）对事实的认识存在问题。例如，证人（被告人）文化程度较低，那么其所作出的对于一些明显需要一定专业背景的证言在真实性上就存在疑问。（3）证人（被告人）对知晓事实的来源存在问题。例如，证人（被告人）的陈述属于传来证据，传来的方式可能导致证言真实性存疑；又或者光线、天气等环境因素导致证人（被告人）所见所闻出现偏差等。（4）证人（被告人）对事实的记忆存在问题。例如，证人（被告人）对发生在近期的事实模糊不清，对更久远的事实却能回忆出细节，那么其陈述的真实性也应当受到质疑。

二、交叉询问的特殊表现形式——诱导式发问

如前文所述，交叉询问环节的发问对象都是对方提供的证人（被告人），在模拟法庭中，证人和被告人在庭前都是和公诉人、辩护人一同准备和演练，即便在司法实践中，对由公诉机关申请出庭的证人，公诉人在庭前也会开展培训工作。而对被告人，辩护人同样会进行辅导。由此可见，交叉询问是发问环节中最有挑战性、最困难的部分。为更好完成模拟法庭庭审交叉询问任务，与直接询问不同，交叉询问允许诱导式发问。因此，正确认识诱导式发问对完成交叉询问就显得至关重要。

（一）什么是诱导性发问

要明确诱导性发问的定义，我们首先要了解，在庭审发问过程中，可以将具体的问题分为两种类型：一是开放性问题，二是封闭性问题。前者是指提问者不会对问题限定任何条件，回答者需要以陈述的方式来回答问题，例

如："2022年9月1日上午10点你在做什么？"对于这样的问题，回答者需要完整陈述自己在2022年9月1日上午10点的具体行动。而后者是指提问者将问题限定在某一个或者某几个范围中，回答者需要用判断或者选择的方式来回答问题，例如："2022年9月1日上午10点你和被害人在家中发生了矛盾并且动手打了被害人，是不是这样？"回答者会被引导甚至被迫用"是与不是"来回答问题。而诱导式发问一般的形式都是后者，即在问题中限制一定条件，从而让回答者不能进行陈述而只能在条件中进行判断和选择。

在模拟法庭中通常可能采用的诱导性发问分为以下几种类型：

第一，对事实的诱导。例如："你当时击打被害人的头部还是胸部？"用以替代"你当时击打被害人什么部位？"对方证人尤其是被告人，有时会以为避重就轻的心态，刻意回避对关键事实问题的直接回答，此时，与其用开放性问题给予其自由发挥的空间，不如采用诱导性发问限缩其回答范围，也给予其一定的心理压力。

第二，对主观心态的诱导。例如："你当时是否已经意识到自己的行为可能导致被害人死亡？"用以替代"你对自己的行为后果是怎么判断的？"主观心态在事实认定中是比较抽象的，证人、被告人可能无法清晰描述甚至刻意作出有利于本方的不实陈述，采用诱导性发问可以使发问对象直接表明态度，也能起到亮明观点引发合议庭思考的效果。

第三，对结论的诱导。例如："也就是说，你在明知自己的行为可能导致被害人死亡的情况下，仍击打了被害人的要害部位，是这样吗？"如此明确的含有结论和观点的问题，对方证人（被告人）显然不会轻易给出能够支持本方观点的答案，这个问题是否无用？答案是否定的，本书一直坚持，发问环节重要的并非发问对象的回答，而是发问主体的问题，而上述这个诱导性问题，其目的显然不在强迫发问对象作出有利于本方观点的回答，而是透过问题发表被告人明知自己行为可能产生的后果仍故意为之的观点，从而引发合议庭对事实的思考，并为后续公诉或者辩护意见的发表做铺垫。

(二) 我国诉讼制度是否禁止诱导性发问

关于在庭审过程中是否允许使用诱导性发问，分别在《最高人民法院关于适用〈中华人民共和国刑事诉讼法〉的解释》《人民检察院刑事诉讼规则》中有明确的规定，具体为：《最高人民法院关于适用〈中华人民共和国刑事诉讼法〉的解释》第261条规定："向证人发问应当遵循以下规则：（一）发问的内容应当与本案事实有关；（二）不得以诱导方式发问；（三）不得威胁证人；（四）不得损害证人的人格尊严。对被告人、被害人、附带民事诉讼当事人、鉴定人、有专门知识的人、调查人员、侦查人员或者其他人员的讯问、发问，适用前款规定。"《人民检察院刑事诉讼规则》第402条规定："讯问被告人、询问证人不得采取可能影响陈述或者证言客观真实的诱导性发问以及其他不当发问方式。辩护人向被告人或者证人进行诱导性发问以及其他不当发问可能影响陈述或者证言的客观真实的，公诉人可以要求审判长制止或者要求对该项陈述或者证言不予采纳。讯问共同犯罪案件的被告人、询问证人应当个别进行。被告人、证人、被害人对同一事实的陈述存在矛盾的，公诉人可以建议法庭传唤有关被告人、通知有关证人同时到庭对质，必要时可以建议法庭询问被害人。"

由上述规定可知，最高人民法院明确禁止在庭审过程中以诱导方式发问，最高人民检察院也对以诱导方式发问予以了限制。

在模拟法庭中，是否能够采取诱导性发问呢？本书的观点是，在模拟法庭的交叉询问阶段，可以甚至应当在一定程度上适度地采取诱导性发问。在交叉询问中采用诱导性发问，是英美法系对抗制庭审中的规定与惯例。因为英美法系庭审采取直接言词原则，即所有的证人证言均在法庭上予以展现，而交叉询问（或称反询问）是对证人证言进行讨论、澄清甚至质疑的过程，可以说发问环节的核心就是交叉询问，而恰恰诱导性发问由于更直接也更具有攻击性，因此能够更好地实现交叉询问的目的。而由于主询问的发问对象是本方证人，此时允许诱导性发问很可能导致证人与律师互相串通，作出有利于本方的不实表达,这是在主询问中禁止诱导性发问的根本原因。

本书认为,模拟法庭旨在提高法科生庭审对抗能力,富含高技术含量和对抗性质的诱导性发问应当被允许出现。

(三) 如何在交叉询问中适度采取诱导性发问

虽然我们认为在交叉询问环节可以应当采取诱导性发问,但由于司法解释的明文禁止,兼之在模拟法庭竞赛中,是否能够及时判断对方正在采取的不当发问并予以制止也是评分标准之一,因此,在模拟法庭中如果对方发现本方正在采取诱导性发问,会立刻向合议庭进行抗议,合议庭也会要求本方注意发问方式,而如果整个发问环节多次被制止并打断,不仅会影响庭审的连贯性,也会造成合议庭对本方不良的观感。所以,本书建议应当在交叉询问环节适度采取诱导性发问,至于如何适度具体可采用以下方式:

1. 在查明事实时正常,在确认事实时诱导。发问环节的重要功能仍然是查明事实,通过对证人、被告人的发问,使其陈述自己知道、了解或者亲身经历的事实。在就某一事实进行初步查明过程中,应当更多地采用开放式的问题,尽可能地让发问对象进行陈述,帮助法庭清楚还原事实。然而,有些事实直接与本方观点有关,是需要被发问对象明确并引起合议庭成员重视的,此时,就需要采取诱导性发问来对该事实进行确认。即便对方认为是诱导性发问而向合议庭提出抗议,也可以向合议庭表示只是对被发问对象已经陈述事实的确认,并非诱导的解释。例如,在一起抢劫案件中,公诉人问了以下问题:

公诉人:你是在什么时候遇到被害人的?

被告人:是在今天凌晨2点的时候。

公诉人:你遇到被害人的地点在什么地方?

被告人:在凤尾巷。

公诉人:当时凤尾巷除了你们还有没有其他人?

被告人:没有。

公诉人：当时环境如何，有没有路灯？

被告人：没有路灯，四周都比较昏暗。

公诉人：你在遇到被害人之后做了什么？

被告人：我当时就跟着她，想着抢点东西，但是我还没动手，她就自己把包丢在路边了，我就拿走了。

公诉人：也就是说，你当时是在凌晨 2 点钟，在一个非常昏暗没有人的巷子里尾随被害人，是不是这样？

被告人：（稍许沉默）……是的。

在上述案件中，被告人的辩解是自己并非劫取财物，而是捡拾被害人主动丢弃的财物。然而，公诉人的指控逻辑是其在特殊的时间（凌晨）、特定的地点（无人的昏暗小巷）、采取特别的行为（尾随）导致被害人心生恐惧而不敢反抗的情况下丢弃财物，应当认定为抢劫罪。因此，当公诉人就本案发生的事件、地点以及被害人行为进行正常发问后，以一个诱导性问题要求被告人确认上述事实，不仅能够给被告人带来一定威慑，也可以让合议庭更加明确公诉人的指控逻辑。

2. 在客观行为时正常，在主观心态时诱导。通常情况下，在庭审发问环节主要还是针对客观事实和客观行为，但有时被发问对象尤其是被告人的主观心态也会成为发问的重要组成部分，如案件在故意和过失之间存在争议的，或者在主观明知上存在争议等。例如，在一起故意杀人案件中，公诉人问了以下问题：

公诉人：你的丈夫是否长期生病瘫痪在床？

被告人：是的。

公诉人：案发当天，他跟你说了什么？

被告人：他跟我说活的太痛苦了，还不如死了好。

公诉人：然后你跟他说了什么？

被告人：因为他一直说这样的话，还经常吵闹，那天女儿已经睡了，我不想他再吵了，我就跟他说，那你去死吧，我也不管你了。但我当时是气话，我不是真的想他死。

公诉人：后来你丈夫又说了什么？

被告人：他说那你把家里的农药给我拿来吧。

公诉人：那你有没有把农药拿给他？

被告人：有的，但我觉得他也就是随便说说不会真的喝。

公诉人：你平时是做什么工作的？

被告人：我就在家里务农。

公诉人：那你知道农药是用来干什么的，人喝了会怎么样吗？

被告人：农药就是我平时种地用来杀虫的，我知道人是不能喝的，喝了就没救了。

公诉人：所以你作为一个农民，明知道农药有剧毒，也知道你丈夫想要自杀，仍然给他递了农药，是这样的吗？

被告人：是的，但我真的没想到他会真的喝。

通过上述演示，我们不难发现，就主观心态的相关问题，很难用正常的发问方式。在上例中，如果公诉人问："你当时是怎么想的？"被告人可能就会回答："我没想那么多，我没想到他真的会喝下去。"这样的回答含混不清，不能很好的支撑公诉人的指控观点，所以，此时需要采用诱导性发问，在前期铺垫的基础上，将被告人通过客观行为所体现出来的主观心态用诱导性发问的方式直接要求被告人进行确认，即便被告人不回答或者被对方制止，也已经让法庭清楚地了解到公诉人的观点，亦达到了发问目的。

3. 在铺垫时正常，在总结时诱导。发问环节除查明事实的功能外，还兼具发表观点前期的铺垫功能。本书始终强调，模拟法庭的庭审活动应当一以贯之，所有环节之间应当做到首尾呼应，不能单兵作战互相割裂。因此，在对事实进行发问后，可以将被告人的回答以简述本方观点的方式进行总结，以此引发合议庭思考，而此处的总结应当采用诱导性发问方式。此处不予举例，后文讨论公诉人发问被告人技巧时会有详细演示。

三、对不当发问的制止

虽然本书认为在本方进行交叉询问时，可以也应当适度地采用诱导性发问方式。然而，作为模拟法庭的重点训练内容，以及竞赛的重要评分项目，在对方进行发问过程中，应当时刻注意和聆听对方在发问环节所提出的问题。如果对方在提问时，仅仅也是适度诱导，在对等条件下是可以也应当予以容忍的。但如果对方超出了限度，频繁适用诱导性发问来给予本方证人压迫，甚至试图误导合议庭成员，就应当立刻予以制止。制止的方式和步骤如下：

1. 提出抗议。《人民法院法庭规则》规定，检察人员、诉讼参与人发言或提问，应当经审判长或独任审判员许可。因此，在模拟法庭庭审活动中每一次发言都必须在法庭指挥下进行，不能擅自发言和打断他人发言。只有一处例外，即对不当发问的制止。模拟法庭中，当本方发现对方正在采取不当发问时，可以在审判长未允许的情况下立刻发言制止，在庭审中举手并向法庭提示："反对。"

2. 释明理由。在向合议庭提出抗议后，应当进一步释明抗议理由。也即应当在向合议庭提出反对意见的同时告诉合议庭为何反对。在这里需要强调的是，不能仅以不当行为本身作为反对的理由，即不能向法庭表示"反对，对方诱导性发问"之后便结束发言，让法庭自行判断是否真的存在诱导性发问的问题。需要具体说明不当行为的具体表现形式和其导致的后果，引导合议庭作出发问方式确实不当的判断，如向法庭表示："反对，对方在提问中预设了×××这一前提，是明显的诱导性发问，可能会影响证人陈述的客观真实。"

3. 提出要求。在向合议庭提出抗议并说明理由后，还应当向合议庭提出处理建议，如请法庭制止或者请法庭对证人、被告人在诱导性发问情况下作出的陈述不予采纳等。

四、公诉人、辩护人交叉询问案例演示

如前文所述，模拟法庭交叉询问环节主要包括公诉人讯问被告人以及辩

护人发问公诉人申请出庭的证人。由于就交叉询问技巧前文已经有过详细讨论，而相应的庭前准备和庭审应对则与直接询问类似。因此，此处不再分别就公诉人、辩护人交叉询问技巧进行赘述，直接予以案例演示。

在对公诉人交叉询问进行案例演示前，需要说明一个问题，即在我国第一审公诉案件庭审活动中，公诉人讯问被告人的范围是有一定规范基础的，《人民检察院刑事诉讼规则》第400条规定："公诉人讯问被告人，……应当围绕下列事实进行：（一）被告人的身份；（二）指控的犯罪事实是否存在，是否为被告人所实施；（三）实施犯罪行为的时间、地点、方法、手段、结果，被告人犯罪后的表现等；（四）犯罪集团或者其他共同犯罪案件中参与犯罪人员的各自地位和应负的责任；（五）被告人有无刑事责任能力，有无故意或者过失，行为的动机、目的；（六）有无依法不应当追究刑事责任的情况，有无法定的从重或者从轻、减轻以及免除处罚的情节；（七）犯罪对象、作案工具的主要特征，与犯罪有关的财物的来源、数量以及去向；（八）被告人全部或者部分否认起诉书指控的犯罪事实的，否认的根据和理由能否成立；（九）与定罪、量刑有关的其他事实。"

由此可见，公诉人在交叉询问环节也就是讯问被告人时，除承担交叉询问的职责外，还应当符合相应的规范性要求。因此，公诉人讯问被告人应当在服务指控观点的基础上兼具系统性和完整性。

公诉人交叉询问案例演示

古天伟交通肇事案，案情简介：略，见上文。

审判长：公诉人现在可以就起诉书指控的事实讯问被告人。

公诉人：好的。被告人古天伟，公诉人现在依法对你进行讯问，你应当如实回答，听清楚了没有？

古天伟：听清楚了。

公诉人：你是从事什么工作的？

古天伟： 我是出租车司机。

公诉人： 你开出租车多少年了？

古天伟： 大概有十几年了吧。

公诉人： 公诉人现在就案发当天的情况讯问你，2015年4月7日，你是否驾驶宁EW7882出租车，并将车停靠在春江市工商局门前？

古天伟： 是的。

公诉人： 当时你是否搭载乘客？

古天伟： 是的，一个男性乘客。

公诉人： 你当时将车停靠在什么位置，是否靠边停车？

古天伟： 没有，当时我这边的一侧轮胎应该是压着机动车道与非机动车道分道线了。当时乘客非常着急，让我快点停车。

公诉人： 当时乘客有没有做出拉车门或者拉你方向盘这样的举动？

古天伟： 那倒没有。

公诉人： 你知不知道停车不靠边是违反道路交通安全法的？

古天伟： 我知道的，但是那天确实是乘客太着急了。

公诉人： 所以你作为一个老司机，对道交法很熟悉，且当时乘客也没有威胁驾驶安全行为的情况下，仅仅因为乘客口头催促，你还是违法停车了，是这样吗？

古天伟： 是的，但如果不是乘客这么着急，我是不会违法停车的。

公诉人： 好，公诉人现在就乘客下车情况讯问你，当时你停车后，有没有观察后方来车情况？

古天伟： 我看过的，当时我没有看到后方有来车。

公诉人： 你是否提醒乘客开门应当注意安全？

古天伟： 我提醒过的，但是他当时非常着急，给了我50块车钱，零钱还没有找给他，他就急着要下车。

公诉人： 你在以往的供述中说，你是一边找钱一边提醒他的，这是不是事实？

古天伟： 是事实，但是他零钱都没拿直接就开车门了。

公诉人： 你的车辆可以从驾驶座关闭后车门吗？

古天伟： 可以的。

公诉人： 也就是说，你在可以关闭后车门的情况下，由于忙着找钱，在不确定乘客是否听见你提醒的情况下，仍然任乘客下车了是吗？

古天伟： 他要下车我又没有办法的。

公诉人： 好，公诉人现在就碰撞之后的情况讯问你，你是否看到了当时发生的碰撞？

古天伟： 我看到了，当时我的车辆右前方外侧与老大爷的电动车发生碰撞了。

公诉人： 当时老大爷是什么情况？

古天伟： 他摔倒了。

公诉人： 他摔倒后，你做了什么？

古天伟： 我就下车查看，并和路过的行人一起把老大爷扶了起来。

公诉人： 你有没有拨打110和120？

古天伟： 没有。

公诉人： 为什么没有？

古天伟： 我当时认为是乘客的责任，和我没关系的。

公诉人： 然后你做了什么？

古天伟： 我觉得是乘客的责任，我看他也吓到了，就安慰了他几句，跟他说不行就报警吧，然后就离开了现场。

公诉人： 你认为是乘客的责任，依据是什么？

古天伟： 没什么依据，我想是他着急开门撞到了人，应该就是他的责任。

公诉人： 也就是说，只是你自己认为是乘客的责任，在没有得到任何确认的情况下，你既没有报警也没有送伤者去医院，而是直接离开了，是不是？

古天伟：（稍许沉默）……是的。

公诉人： 最后你说一下你的到案经过？

古天伟：我是接到公安机关电话通知后，主动到公安机关接受询问的。

公诉人：审判长，公诉人的讯问暂时到此。

——2018年第六届全国大学生模拟法庭竞赛赛题

辩护人发问证人案例演示

曹东旺故意伤害案，案情简介：略，见上文。

审判长：辩护人现在可以对证人进行发问。

辩护人：好的，鉴定人张磊您好，我是本案被告人曹东旺的辩护人，现在问你几个问题，你如实向法庭陈述，可以吗？

张　磊：好的。

辩护人：您是怎么知道被害人和人打斗遭受过外力打击的？

张　磊：公安机关在委托我的时候是有案情简介的。

辩护人：也就是说，如果没有这个案情简介，您是不知道被害人被人殴打过的，是吗？

张　磊：是的。

辩护人：那么这里的外力打击可以是其他外力造成的吗？比如说被硬物撞击或者遭遇车祸等等？

张　磊：应该不太可能，因为我们对体表也进行了检验，他的右下腹、右臀部等部位有皮肤青紫，且大小都在6cm*3cm左右的大小，更符合被人殴打的伤痕。

辩护人：您说更符合，也就是不能说100%这种伤痕只能是被人殴打导致，还是有其他可能性的，是这样吗？

张　磊：不能100%排除，但这种伤一般都是被人殴打导致的。

辩护人：您知道被害人曾经在受伤后从事过重体力劳动吗？

张　磊：我不知道。

辩护人：被害人在受伤后还用推车运送过400斤的西瓜，您刚刚在回答公诉人问题的时候说重体力劳动一般也不会导致血管破裂,您为什么说一般而不是肯定?

张　磊：因为医学上没有什么肯定的事情,我只能说大部分情况下按照被害人的病情,仅仅从事重体力劳动不太会直接导致血管破裂?

辩护人：所以您仍然不能 100% 确认血管破裂就是被人殴打导致的,对吗?

张　磊：当然不能 100% 肯定,只能说从法医病理学角度,我们得出符合逻辑的结论。

辩护人：好的,审判长,辩护人的询问暂时到此。

——2016 年第二届上海市大学生模拟法庭竞赛赛题

第四节　被告人与证人

一、被告人与证人的重要性

虽然在模拟法庭庭审过程中,公诉人、辩护人承担着发问、举证质证、辩论等庭审活动的主要环节,但被告人、证人作为模拟法庭必不可少的参与者,也承担着以下非常重要的任务:

1. 陈述事实。无论是被告人还是证人,在庭审过程中均应就自己知道的情况向法庭陈述事实。其中,证人仅在举证环节出庭作证时,根据控辩双方的提问,向法庭陈述事实。而被告人的陈述则需要贯穿整个庭审活动,法庭调查的发问、举证质证,法庭辩论各环节,只要公诉人、辩护人提出相关疑问或者被告人自认为需要就某个事实、证据进行说明,都需要当庭陈述事实。

2. 表达意见。此处主要指被告人和鉴定人,普通证人只能陈述事实,表达观点甚至会被作为猜测性的证言而不被采纳,而被告人和鉴定人在陈述事实的基础上需要在某些特定问题上向法庭表达观点。其中,被告人在公诉人宣读完起诉书,审判长提示"被告人可以就起诉书指控的事实和适用的罪名发表意见"后,向合议庭陈述自己对本案的简要观点。在举证质证环节,辩护人需要就证据问题发表意见。而在法庭辩论环节,被告人有为自己辩护的环节,可以在辩护人发表辩护意见之前,陈述自己的辩解。而鉴定人出庭的任务,则是针对鉴定意见所涉及的专业知识发表观点。

3. 辅助观点。虽然模拟法庭庭审活动的主要角色是公诉人和辩护人,但公诉人、辩护人发表意见是基于案件事实,而对案件事实的呈现除了在案证据之外,则需要依靠被告人、证人当庭的陈述,甚至被告人、证人当庭所陈述的事实会在一定程度上左右控辩双方的观点方向。因此,在庭审过程中,被告人、证人需要和公诉人、辩护人相互配合,默契的配合会使整个庭审更清晰和流畅。而配合失误则可能会出现原则性的事实认定和法律适用错误,有时甚至是致命的。

4. 表明态度。这是针对被告人而言的,与庭审实务一样,在模拟法庭中,即便被告人是扮演的角色,也拥有最后陈述的权利,在最后陈述的过程中,需要向法庭表明自己对本案的态度。

二、被告人与证人的准备方法

综合上述要素,不难发现被告人和证人在模拟法庭中也扮演着举足轻重的重要角色。因此,这就要求控辩双方在庭前破题、准备以及演练的过程中,被告人、证人都应当全程深度参与,做好如下准备工作:

1. 熟悉案卷材料。这是被告人、证人庭审表现的基础,和公诉人、辩护人一样,被告人、证人应当对案卷材料了然于胸,知道案件证据中哪些是对本方有利、哪些是对本方不利的。尤其值得注意的是,公诉人、辩护人在庭审举证质证过程中尚可以对照案卷材料宣读,被告人、证人是不可以在庭审过程中拿着材料的。所以,被告人、证人尤其对于被告人来说,相当于需要全程"脱稿"发言,且发言内容不应当和在案证据材料产生矛盾和冲突。所以对公诉人、辩护人来说,对案卷材料是一个反复熟悉的过程,而对于被告人、证人来说,对部分案卷材料是一个背诵的过程,这显然提出了更高的要求。

2. 熟悉本方观点。如上文所述，被告人、证人系通过自己在庭审过程中的陈述为公诉人、辩护人发表指控及辩护意见提供基础和铺垫，因此，无论是回答本方问题，还是对方问题，被告人、证人都应当围绕着本方观点来设计回答策略。这就要求被告人、证人始终要带着本方观点和思路来聆听公诉人和辩护人提出的问题，并且迅速反应出最能够支持本方观点的答案。

3. 反复模拟演练。对本方提出的问题，由于可以事先设计，被告人、证人的回答在庭审之前就已经形成了固定脚本，所以在庭审中，只是一个背诵脚本的过程。但是，针对对方的问题，则需要反复进行演练，反复预判对方可能提出的问题，并与公诉人、辩护人商议，及时调整回答策略。同时，被告人还有质证以及为自己辩护的任务，这是一个查漏补缺的环节。当辩护人因为紧张等各种原因，遗漏或者忽略了关键意见时，被告人是可以予以补充的。因此，反复演练也是训练被告人、证人的临场反应能力。另外，模拟法庭的发言时间受到了严格的限制，而被告人、证人的发言时间也会计入各方的整体时间内。因此，需要通过反复打磨，使被告人、证人的发言既能达到目的，又最大程度地节省时间。

4. 深度代入角色。如果在模拟法庭中，公诉人、辩护人是一个纯粹的训练庭审技能的角色，那被告人、证人就不仅仅是一个训练的过程，同时也是一个扮演的过程。被告人、证人尤其是被告人需要根据案件案卷揣摩角色在案件中的感受和想法，并在庭审中给与合乎情理的适度表演。如果不能代入角色，仅仅是为本方观点服务，难免会出现"用力过猛"的情况，导致在庭审的发言中过度具有倾向性，从而出现不合情理的状况。

第四章
刑事模拟法庭的举证质证

Chapter 4

第一节 举证质证的概念和原则

一、举证质证的概念

模拟法庭将法庭调查阶段分为发问和举证质证两个环节，当控辩双方确认不再向被告人进行补充发问时，审判长会提示："公诉人可以就起诉书指控的事实向法庭举证"，即宣告发问环节结束，开始进入举证质证环节。要明晰举证质证的具体概念，首先应当清楚我国法律对举证质证的相关规定。

（一）我国法律关于举证的规定

《最高人民法院关于适用〈中华人民共和国刑事诉讼法〉的解释》第246条规定："公诉人可以提请法庭通知证人、鉴定人、有专门知识的人、调查人员、侦查人员或者其他人员出庭，或者出示证据。被害人及其法定代理人、诉讼代理人，附带民事诉讼原告人及其诉讼代理人也可以提出申请。在控诉方举证后，被告人及其法定代理人、辩护人可以提请法庭通知证人、鉴定人、有专门知识的人、调查人员、侦查人员或者其他人员出庭，或者出示证据。"第247条规定："控辩双方申请证人出庭作证，出示证据，应当说明证据的名称、来源和拟证明的事实。法庭认为有必要的，应当准许；对方提出异议，认为有关证据与案件无关或者明显重复、不必要，法庭经审查异议成立的，可以不予准许。"《人民检察院刑事诉讼规则》第399条规定："在法庭审理中，公诉人应当客观、全面、公正地向法庭出示与定罪、量刑有关的证明被告人有罪、罪重或者罪轻的证据。按照审判长要求，或者经审判长同意，公诉人可以按照以下方式举证、质证：（一）对于可能影响定罪量刑的关键证据和控辩双方存在争议的证据，一般应当单独举证、质证；（二）对于不影响定罪量刑且控辩双方无异议的证据，可以仅就证据的名称及其证明的事项、内容作出说明；（三）对于证明方向一致、证明内容相近或者证据种类相同，存在内在逻辑关系的证据，可以归纳、分组示证、质证。公诉人出示证据时，可以借助多媒体设备等方式出示、播放或者演示证据内容。定罪证据与量刑证据需要分开的，应当分别出示。"

（二）我国法律关于质证的规定

关于刑事诉讼案件质证的具体含义，我国法律规定的比较笼统，《最高人民法院关于适用〈中华人民共和国刑事诉讼法〉的解释》第 267 条规定："举证方当庭出示证据后，由对方发表质证意见。"第 268 条规定："对可能影响定罪量刑的关键证据和控辩双方存在争议的证据，一般应当单独举证、质证，充分听取质证意见。对控辩双方无异议的非关键证据，举证方可以仅就证据的名称及拟证明的事实作出说明。召开庭前会议的案件，举证、质证可以按照庭前会议确定的方式进行。根据案件和庭审情况，法庭可以对控辩双方的举证、质证方式进行必要的指引。"2018 年施行的《人民法院办理刑事案件第一审普通程序法庭调查规程（试行）》第 28 条第 3 款、第 4 款规定："控辩一方举证后，对方可以发表质证意见。必要时，控辩双方可以对争议证据进行多轮质证。被告人及其辩护人认为公诉人出示的有关证据对本方诉讼主张有利的，可以在发表质证意见时予以认可，或者在发表辩护意见时直接援引有关证据。"

虽然在前述刑事诉讼相关法律规范中，并未对质证的具体方式进行统一规定，而是针对每一种证据的具体质证方式进行了分别详细的说明，至于从原则性规定的角度来规定质证应该围绕哪些内容，可以参考最高人民检察院印发的《人民检察院公诉人出庭举证质证工作指引》第 13 条的规定："公诉人在开庭前，应当通过讯问被告人、听取辩护人意见、参加庭前会议、与法庭沟通等方式，了解掌握辩护方所收集的证明被告人无罪、罪轻或者反映存在非法取证行为的相关材料情况，进一步熟悉拟在庭审中出示的相关证据，围绕证据的真实性、关联性、合法性，全面预测被告人、辩护人可能提出的质证观点，有针对性地制作和完善质证提纲。"司法实践中，刑事诉讼庭审活动的质证环节，控辩双方也确实是围绕上述"证据三性"来对证据发表意见的。

(三) 举证质证的概念

通过上述规定，我们可以将举证的概念归纳为控辩双方向法庭出示证据的庭审活动。由于在模拟法庭中，在庭审前并没有侦查及审查起诉阶段，因此，控辩双方都没有收集证据这一环节。因此，在模拟法庭这一情境下，本书将举证概念界定为公诉方就案卷中与定罪、量刑有关的证明被告人有罪、罪重以及罪轻的证据向法庭出示的过程，以及辩护方在公诉方举证的基础上，向法庭出示与定罪、量刑有关的证明被告人无罪或者罪轻的证据。需要重点说明的是，针对辩护人举证，无论是模拟法庭还是司法实践，都有着不同的观点和操作方式。

第一种观点认为，辩护人在举证环节应当就本方自行收集的证明被告人无罪、罪轻的证据向法庭出示，而公诉人在法庭中未向法庭出示的证据，若确实对被告人有利，可以在质证过程中予以说明，而并非在举证环节作为证据向法庭出示。第二种观点则认为，能够证明被告人无罪、罪轻，对被告人有利的证据，无论是辩护人自行收集还是案卷中现有的但公诉人并未出示的，都应当由辩护人统一作为辩护方证据由辩护人向法庭出示。

模拟法庭竞赛中，根据评委的不同风格，上述两种庭审模式都曾出现在赛场之上，至今都没有形成统一方式。本书赞同第一种观点，原因有四：

第一，根据法律规定，公诉人应当全面向法庭出示证明被告人有罪、罪重或者罪轻的证据。因此，收集并且向法庭出示证明被告人罪轻的证据原本就是公诉人的义务，所以，即便是对被告人有利的证据，只要是公安机关移送的在案证据，均应当属于公诉方的证据。换言之，某个证据究竟应当属于公诉方的证据还是辩护方的证据，不应由其证明内容来决定，并非证明被告人有罪、罪重的就是公诉方证据，证明被告人罪轻的就是辩护方证据。本书认为，在模拟法庭中，只要是案卷中的在案证据均属于公诉方证据，由于在模拟法庭中辩护人并没有庭前收集证据的环节，因此，根据本书的观点，以现有的模拟法庭规则，辩护方是不需要向法庭举证的。

第二，不可否认，公诉人在向法庭出示证据时并不需要将案卷中的在案证据全部举证，对部分公诉人认为与案件关系不大的证据可以有所取舍。不仅如此，即便是公诉人决定出示的证据，就其内容也不需要全篇宣读，而是可以节录重点部分。如果对公诉人未出示的证据，辩护人认为对本方有利就可以视为辩方证据来向法庭出示的话，那么公诉人已经出示的证据中未宣读部分，是否也应当照此逻辑也可作为辩方证据呢？如果是，那极端情况下会出现辩护方举证的证据和公诉人举证的证据大部分甚至完全重合，这极大浪费了司法资源，更是本来就时间有限的模拟法庭活动所不能承受的。

第三，在模拟法庭的质证环节，控辩双方一般都会主要围绕证据的关联性进行（甚至在有些模拟法庭竞赛规则会明确禁止讨论证据的真实性与合法性），而证据的关联性其中非常重要的一部分就是证据之间的相互印证关系，因此，辩护人在质证环节中本来就可以通过对未出示的证据或者公诉人出示的证据中未宣读的部分进行分析或宣读来发表意见，所以，如果就在案证据部分也认为可以有辩护方的举证内容，会导致质证环节被架空，失去了存在的意义。

第四，在举证环节中，举证方除了宣读证据的主要内容，在此之前需要表明证据出处和证据来源，以说明证据的真实性和合法性。辩护方将案卷现有内容进行举证时，也需要说明证据来源，而该证据的来源和取得方式都是由公安机关负责，辩护人根本未参与其中，此时对证据的真实性和合法性的表达都是毫无依据，没有说服力的。

综上，本书认为，在模拟法庭语境下，举证的概念可以仅限定为公诉方就案卷中与定罪、量刑有关的证明被告人有罪、罪重以及罪轻的证据向法庭出示的过程，而辩护方一般不需要举证。

根据相关法律规定，结合司法实践，本书将模拟法庭中质证的概念定义为在公诉人举证后，辩护人围绕证据的真实性、合法性、关联性，针对证据证明力有无以及证明力大小，进行的质疑、说明与辩驳。如前文所述，现行大部分模拟法庭仍禁止质疑证据的真实性、合法性，虽然类似规则饱受质疑，也在寻求变化，但在模拟法庭中，控辩双方开展法庭调查和法庭辩论的基础只有案卷中的在案证据，如果允许双方（主要指辩方）毫无依据和边界的质疑证据的真实性和合法性，尤其是证据的合法性，势必要进行一定程度的猜测甚至过度演绎，这会导致模拟法庭陷入被架空的境地，失去讨论的依据和基础。因此，模拟法庭的质证应当主要围绕证据关联性来进行。

最后，需要说明的是，最高人民检察院发布的《人民检察院公诉人出庭举证质证工作指引》第 2 条就举证、质证规定如下："举证是指在出庭支持公诉过程中，公诉人向法庭出示、宣读、播放有关证据材料并予以说明，对出庭作证人员进行询问，以证明公诉主张成立的诉讼活动。质证是指在审判人员的主持下，由控辩双方对所出示证据材料及出庭作证人员的言词证据的证据能力和证明力相互进行质疑和辩驳，以确认是否作为定案依据的诉讼活动。"

二、举证质证的原则

在模拟法庭庭审活动中，法庭辩论是对抗最激烈的环节，而法庭辩论的争议焦点一般可以归纳区分为事实证据之辩和法律适用之辩，前者是后者的基础，只有明确相关基础事实，讨论法律适用才有意义。由此可见，法庭调查阶段的举证质证便是后续法庭辩论环节最为重要的基础。在此背景之下，举证质证有一些应当遵循的原则。

（一）举证的原则

如前文所述，在模拟法庭中，公诉人应当承担主要甚至全部的举证责任，一般情况下，辩护人无须举证。即便未来规则变化，辩护人需要或者可以承担部分举证责任，其举证内容包括举证程序也一定不会比公诉人举证更复杂，因此，本书将以公诉人举证作为背景，说明以下举证原则。

1. 程序性事项优先原则

虽然本书在前文中曾明确，证据的真实性、合法性并非举证质证应当围绕的重点内容，但从庭审活动的规范性出发考量，真实性、合法性又是该证据是否应当被法庭采纳的基础，真实性存疑、法定形式要件缺失或者有瑕疵的证据，便失去了讨论关联性的必要。因此，公诉人在举证时应当首先对证据的相关程序性事项进行说明。

所谓程序性事项主要包括：一是证据名称及种类，公诉人应当表明将要出示的证据名称，以及该证据属于《刑事诉讼法》规定的哪一证据种类，使之成为质证时引用相关规定与规范的基础。二是证据出处，公诉人应当告知所出示的证据在案卷的具体位置，以便合议庭和对方能够迅速定位到相关证据，在听取公诉人宣读证据和发表意见时，能够更具针对性。三是证据来源，公诉人在宣读具体的证据内容前，应当先明确证据来源也就是证据的出具或者收集单位，用以证实证据的合法性。

例如，公诉人在出示某一份证据时，正确的表述方式应当是："公诉人现在要出示的是一份书证《扣押物品清单》，在证据卷 1 第 20 页，由某某市公安局依法出具。"

2. 客观证据优先原则

《刑事诉讼法》规定的证据种类包括：物证；书证；证人证言；被害人陈述；犯罪嫌疑人、被告人供述和辩解；鉴定意见；勘验、检查、辨认、侦查实验等笔录；视听资料、电子数据。

从证据表现形式来区分，可以将上述证据种类划分为客观证据和主观证据，其中主观证据主要就是证人证言、被害人陈述以及犯罪嫌疑人、被告人供述和辩解，所以又可以将其称之为言词证据。主观证据系证人、被害人、犯罪嫌疑人、被告人就其对事实的回忆、感知以及体会等心理活动，通过语言描述的方式来予以展现的证据，可能会受到以下因素的影响：一是情绪因素，即当事人对案件的态度，如犯罪嫌疑人、被告人可能会因为畏罪心理而在供述当中避重就轻，而被害人则相反，可能会基于惩罚被告人的心理而对部分事实进行夸大。二是认知因素，即当事人认知事实的能力会对其作出的言词带来影响，如每个人的记忆力有所不同，自然对事实的回忆在准确性上会有一定差异。另外，当事人的年龄、文化程度、精神状态等也会导致对事实的认知不同，如法律规定生理上、精神上有缺陷或者年幼，只有在可以辨解是非、可以正确表达的情况下，才能作证人。三是环境因素，此处的环境既包括了解事实的环境，也包括形成证据的环境，其中了解事实的环境是指当事人在过往经历涉案事实时所处的环境，如天气、照明以及地点等。形成证据的环境则指证据形成的时间、地点以及采集证据的具体人员等。这些都有可能会对当事人表述事实时的状态产生影响，如法律规定侦查人员询问证人，可以在现场进行，也可以到证人所在单位、住处或者证人提出的地点进行，在必要的时候，可以通知证人到人民检察院或者公安机关提供证言。由此可见，只有在必要的时候才能通知证人到办案单位提供证言，正因为这些地点会导致证人产生紧张心理进而作出不符合其本人意愿的证言。四是记录因素，言词证据的作证形式是语言表达，但证据在庭审中的呈现方式是文字记录，在语言表达转换为文字记录的过程中，也不免会产生差异或者情感丢失，这也是证人证言必须经过质证才能作为定案的根据，必要时证人还应当出庭作证的重要原因之一。

客观证据如书证、物证、视听资料、电子数据等，一般是以证据本身的客观形态呈现的，只要取证手段符合法定程序，这些证据的真实性一般没有问题；而鉴定意见虽然是鉴定人的专业意见，具有一定的主观性，但由于鉴定意见一般都有专业规定或者行业规范作为基础，且鉴定机构和鉴定人都要求具备专业资质，因此，鉴定意见也具备较高的可信性。因此，相比于言词证据，客观证据更加稳定和真实，证据的证明力也相对更高。但客观证据的证明范围一般较小，只能反映某种客观状态而并非事实本身。

公诉人在举证过程中，通常应当先出示争议较小、更加稳定的客观证据，以确认某一客观事实的状态，再出示稳定性不足但证明范围可能更大的言词证据，证明产生上述客观事实的具体过程，证据之间取长补短并形成相互印证关系，方能构成完整的证据体系。如在一起诈骗案件中，公诉人首先出示"银行交易流水"的书证，但该书证只能证实被告人银行账户中确有资金进入，但不能证明资金来源也不能证明被告人的具体行为，此时则需要辅以其他证据，包括言词证据来进行佐证，证实该资金入账的原因是被告人实施了虚构事实的行为，导致被害人基于错误认识处分了财物，如此，方能形成完整的证据体系。

3. 定罪证据优先原则

根据证明内容的不同，还可以将证据区分为定罪证据和量刑证据两大类。前者是指直接证实了被告人的主观故意、客观行为、危害后果等与定罪有关的事实内容，后者则指证实被告人的到案经过、认罪态度、在犯罪当中所起到的作用等与量刑有关的内容。《人民检察院刑事诉讼规则》第399条第4款规定："定罪证据与量刑证据需要分开的，应当分别出示。"而通常情况下，量刑情节和事实直接相关的主要是在主从犯的区分过程中，需要在认定事实时考察被告人在犯罪中的作用和地位，以确认相关被告人应当被认定为主犯还是从犯。

在模拟法庭中，由于受到参与人数和时间的限制，一般不会采用共同犯罪案件作为模拟法庭案例，所以通常不存在需要区分主从犯的情况。另外，具有情节或者结果加重情形的，如抢劫罪中的入户抢劫、持枪抢劫等，由于与事实密切相关，因此应当在定罪证据中一并予以说明。除此之外，其他的法定从重如累犯、法定从轻如自首、坦白，酌定从轻如被害人过错、谅解或者退赔等，均与定罪事实关系不大，应当单独作为量刑事实在举证时予以区分。

"两高三部"《关于规范量刑程序若干问题的意见》第16条第1款规定："在法庭调查中，公诉人可以根据案件的不同种类、特点和庭审的实际情况，合理安排和调整举证顺序。定罪证据和量刑证据分开出示的，应当先出示定罪证据，后出示量刑证据。"因此，公诉人在举证过程中，应当优先出示定罪证据。

(二) 质证的原则

质证的基本原则是根据相关规定和指引，围绕证据的真实性、关联性、合法性发表对证据的意见，由于模拟法庭的目的和规则限制，有其不同于真实庭审的特殊性。因此，本书结合相关规定和模拟法庭的实践操作，将模拟法庭的质证原则总结如下：

第一，关联性优先原则。在司法实践中，质证时应当首先针对证据的真实性与合法性发表意见，因为从法律规定以及思维逻辑的角度，对不具备真实性与合法性要件的证据是不可能作为定案证据被法庭采纳的，因此并没有讨论关联性的必要。然而，模拟法庭有着非常特殊的规则，直至目前大部分各级别的模拟法庭竞赛仍然会在比赛规则中注明，在质证过程中不得就证据的真实性与合法性发表意见。这样的规则有其合理性，如果在模拟法庭中讨论这些问题，可能会导致演绎的边界被无限放大，出现大量案卷材料中本来没有的情节。且大部分证据合法性问题在司法实践中提出，是需要通过补充侦查的方式来进一步查证属实的，而模拟法庭只有一次庭审机会，作为教师和评委的合议庭成员需要马上决定胜负，没有补充侦查的可能性，因此对证据真实性与合法性，尤其是证据合法性提出质疑是完全没有意义的。典型的如被告人和辩护人提出以往供述系侦查人员采取疲劳审讯等非法手段获取，对于该情形，辩护人无法提供相应的证据材料予以印证，只能凭借被告人在庭审过程中进行演绎，而公诉人由于并没有补充侦查这一环节，因此也无法提出相应的质证意见。此时，如果合议庭采纳辩护人的质证意见，显然对控方不公平，未来所有辩护方都可以证据合法性作为质证意见的主要内容，模拟法庭也将失去对抗的基础和价值。如果合议庭统一不采纳辩护人的该类型质证意见，那提出该质证意见也变得毫无意义。

因此，本书认为，在模拟法庭质证环节，控辩双方应当主要围绕证据的关联性为主要内容发表质证意见。针对证据合法性，应当原则上不发表质证意见。针对证据真实性，在规则允许的情况下，且在有一定依据的情况下，可以适度发表质证意见。例如，在案件现有材料中，有多份言词证据存在出入甚至矛盾的情况下，而部分证人系案件的利害关系人，对此，辩护人可以适度针对证人证言的真实性发表质证意见。

第二，观点区别辩论原则。最高人民检察院发布的《人民检察院公诉人出庭举证质证工作指引》第42条规定："公诉人可以根据需要将举证质证、讯问询问结合起来，在质证阶段对辩护方观点予以适当辩驳，但应当区分质证与辩论之间的界限，重点针对证据本身的真实性、关联性、合法性进行辩驳。"由此可见，无论是在模拟法庭还是在司法实践中，由于质证本身就是一个发表质疑性观点的过程，因此与辩论时的观点发生混同甚至重复是不可避免的。如果没有掌握好界限，在质证的时候就过多涉及全案证据综合论证的内容，或者证据对事实和法律适用所造成的影响，一方面可能会与辩论环节的意见重复，给合议庭以沉闷冗余之感；另一方面这种情况频繁发生特别突出时，甚至会被合议庭以"现在是质证阶段，公诉人（辩护人）的这些意见可以放到辩论环节再发表"这样的指示打断，影响庭审观感。

三、举证质证的模式

如前文所述，刑事案件模拟法庭的举证方主要是指公诉人，辩护人一般不承担举证责任。而质证的方式根据举证模式的不同而产生差异，是依附于举证程序的，因此，研究举证质证的不同模式，应当从公诉人的举证模式入手。最高人民检察院发布的《人民检察院公诉人出庭举证质证工作指引》对公诉人出席法庭支持公诉的举证环节进行了明确规定：

第五条 公诉人可以根据被告人是否认罪，采取不同的举证质证模式。

被告人认罪的案件，经控辩双方协商一致并经法庭同意，举证质证可以简化。

被告人不认罪或者辩护人作无罪辩护的案件，一般应当全面详细举证质证。但对辩护方无异议的证据，经控辩双方协商一致并经法庭同意，举证质证也可以简化。

……

第十九条 举证一般应当一罪名一举证、一事实一举证，做到条理清楚、层次分明。

第二十一条 根据案件的具体情况和证据状况，结合被告人的认罪态度，举证可以采用分组举证或者逐一举证的方式。

案情复杂、同案被告人多、证据数量较多的案件，一般采用分组举证为主、逐一举证为辅的方式。

……

由此可见，公诉人举证的模式通常可以分为分组举证以及逐一举证，结合辩护人质证方式的区别，我们可以将刑事案件模拟法庭的举证质证分为"一组一质"和"一证一质"两种不同模式。

所谓"一组一质"是指公诉人根据证明目的不同将在案证据进行拆分，并以分组的方式向法庭出示证据。采用此种方式进行举证，公诉人会在法庭宣布可以向法庭举证时表示："为了更好地证明本案事实，公诉人将采取分组举证的方式，将本案的证据分×组向法庭举证，请法庭准许。"在合议庭批准后，公诉人可以按照事先准备好的举证提纲按组依次出示证据，在每组证据举证的过程中，宣读完一份证据不会中断，而是继续宣读本组的下一份证据，直至一组证据出示完毕后，向法庭表示："公诉人第×组证据出示完毕，请法庭质证。"此时，合议庭会提示辩护人可以就公诉人出示的该组证据进行质证。而辩护人则同样的对该组证据进行综合质证，不间断地对本组所有证据发表质证意见。

公诉人分组举证的优势在于举证的同时可以展现出公诉机关的指控逻辑，举证的目的性和条理性都会更加清晰，也能更好地与前置发问环节以及后置辩论环节相呼应，充分体现出举证在庭审过程中的核心地位。由此可见，分组举证的方式难度更大，一是需要公诉人合理地进行证据分组，要准确判断证据与证据之间、证据与事实之间以及证据与法律适用之间的内在逻辑关系，结合指控目的对证据进行合理的分组。二是需要公诉人合理地进行证据拆分，在分组举证这一前提下，对部分证据可能需要进行拆分，典型的如被告人供述，一般会比较完整的叙述案件发生的整个过程，对每一组证据都能起到证明作用，那么公诉人就需要对该被告人供述进行切割，并根据每组证据的证明目的，来确定该被告人供述在不同证据组别中需要进行宣读的内容。三是需要公诉人精准地进行质证答辩，相比于逐一举证，分组举证对辩护人的质证也提出了更高的要求，辩护人需要在公诉人整组证据出示完毕后进行综合质证，所以可能会出现辩护人对每份证据都有意见的情况，这就要求公诉人能够反应迅速，并且逐一有针对性地对质证意见进行反驳。这种举证模式比较适用于案情较为复杂、证据数量较多或者被告人不完全认罪或者完全不认罪的情况。

所谓"一证一质"是指公诉人不进行证据分组，或者对某一份证据不进行拆分，对全案证据采取逐一出示并逐一质证。采用此种方式进行举证，公诉人会直接向法庭出示证据，并在该证据宣读完毕后向法庭表示："公诉人该份证据出示完毕，请法庭质证"，公诉人每一次宣读一份证据都会中断，并提请法庭组织质证，直至全案证据宣读完毕。这种举证方式虽然在质证环节中会比较清晰，每一份证据都有可以单独"解决问题"的机会，举证和质证的难度都会相应降低，但是这种举证方式由于是按照证据种类或者案卷顺序出示证据，缺乏对证据之间内在逻辑的体现，也无法体现公诉机关的指控思路，因此，只适合案情较为简单、证据数量较少或者被告人完全认罪的情况。

而在模拟法庭中，为了增加控辩双方的对抗性，一定不会选择没有争议的简单案件。另外，考虑到法科生实务经验不足，也不会选择证据数量特别大、案卷特别多的案件。因此，模拟法庭课程或者竞赛的题目，通常会是案卷材料不多，但在法律适用上争议较大的案件。针对这种类型的案件，本书建议公诉人可以采用分组举证的方式，原因有三：一是举证分组的合理性通常都是考察模拟法庭课程水平，或者模拟法庭竞赛评分项目中非常重要的部分，因此不在证据中体现出公诉人的指控逻辑，而只是机械化地宣读证据，便失去了针对公诉人举证这一环节组织开展模拟法庭的意义。二是分组举证对质证也提出了更高的要求，能够在提高庭审流畅性的同时，进一步增加控辩双方的对抗性，有助于实现模拟法庭的庭审实务训练价值。三是模拟法庭有时间限制，这就决定了每一份证据都不可能做到整体宣读，只能宣读出示主要内容，分组举证能够较好的掌握宣读证据的详略分寸，而逐一举证则会使得有些证据十分冗长，有些证据则一笔带过，将庭审切割的过于碎片化。

第二节 举证质证的庭前准备

如前文所述，在刑事案件模拟法庭中，通常仅有公诉人承担举证责任，即便确实有需要或者规则要求辩护人应当举证，以模拟法庭的案件复杂程度，也决定了辩护人的举证一定不可能同公诉人一般繁杂，会相对比较简单。因此，本书在分析举证质证的庭前准备时，对举证提纲的分析主要针对公诉人，而对质证提纲的分析则主要针对辩护人。

一、公诉人举证提纲的庭前准备

针对公诉人制作举证提纲的要求以及举证提纲的内容，最高人民检察院发布的《人民检察院公诉人出庭举证质证工作指引》第 9 条规定："公诉案件开庭前，公诉人应当进一步熟悉案情，掌握证据情况，深入研究与本案有关的法律政策问题，熟悉审判可能涉及的专业知识，围绕起诉书指控的犯罪事实和情节，制作举证质证提纲，做好举证质证准备。制作举证质证提纲应当注意以下方面：（一）证据的取得是否符合法律规定；（二）证据是否符合法定形式；（三）证据是否为原件、原物，照片、录像、复制件、副本等与原件、原物是否相符；（四）发现证据时的客观环境；（五）证据形成的原因；（六）证人或者提供证据的人与本案有无利害关系；（七）证据与待证事实之间的关联关系；（八）证据之间的相互关系；（九）证据是否共同指向同一待证事实，有无无法排除的矛盾和无法解释的疑问，全案证据是否形成完整的证明体系，根据全案证据认定的事实是否足以排除合理怀疑，结论是否具有唯一性；（十）证据是否具有证据能力及其证明力的其他问题。"

根据上述规定结合实践中公诉人在模拟法庭中的具体任务，本书认为，公诉人应当按照下列步骤准备举证提纲：

1. 明确指控逻辑。公诉人采用分组举证的方式向法庭出示证据，目的便是能够在举证环节就让合议庭明确公诉机关的指控逻辑。因此，明确指控逻辑是制作分组式举证提纲的首要任务。明确指控逻辑的方式是根据对客观事实的了解与分析，明确公诉机关要指控的罪名。此处需要说明的是，部分模拟法庭竞赛在规则中会限定公诉方指控罪名的范围，甚至指定公诉机关必须以某一个罪名提起公诉。明确罪名之后即根据该罪名的法律适用情况，包括法律、司法解释以及理论学说，确定案件在法律适用层面的架构和逻辑，形成指控逻辑的框架和基础。例如，针对某一受贿案件制定举证提纲，根据受贿案件的法律规定和相关司法解释，要指控受贿犯罪需要证明的事项应当是被告人的主体身份、为他人谋取利益的客观行为、收受他人财物的客观行为，另外还需要对案件的量刑情节单独予以举证说明，以上四个方面就构成了受贿罪的指控逻辑。

2. 设置证据分组。明确了法律层面的基础框架后，公诉人需要结合该框架和案件的实际情况，确定指控逻辑中的待证事实。简单来说，就是公诉人需要结合案件的客观事实和法律适用，确定要使得指控成立，哪些事实是需要被证实的。而根据这些需要被证明的待证事实，结合能够更好展现案件全貌的逻辑顺序，就可以形成合理的证据分组。例如，前文所提到的受贿案件，可能的证据分组情况就是第一组证据，证实被告人具有国家工作人员身份的证据；第二组证据，证实被告人利用了其国家工作人员身份，为相关人员谋取了如交易机会等利益的证据；第三组证据，证实被告人因为他人谋取利益的行为，获取了他人在何时何地给予的多少金额的财物的证据；第四组证据，证实被告人到案经过等与量刑有关的证据。

3. 拆分节录证据。在确认了证据分组之后，便是对证据进行拆分重组的过程。如前文所述，在分组举证的情况下，同一份证据可能会同时证明两组以上待证事实，因此需要根据分组情况对证据进行拆分，并根据证明对象的不同将拆分后的证据重组到证据分组当中。另外，虽然在阅卷过程中已经对证据的内容进行摘录，但阅卷阶段的摘录并不符合举证的要求，首先是阅卷阶段的证据摘录一般都是按顺序摘录，但举证阶段的节录需要将证据对应至相应的证据组别中。其次是阅卷阶段的证据摘录一般都是整体摘录，尤其是对言词证据，在刚开始阅卷的时候需要对言词证据有一个整体的认知与判断，这是一个认识客观事实的过程。而举证阶段的证据节录则需要对证据进行拆分，并根据证明目的的不同将同一份证据拆分至对应的证据组别中，这是一个对证据进行展示的过程。最后是阅卷阶段的证据摘录一般都是关键信息复制，需要说明的是，即便是阅卷阶段的摘录也不可能是对案卷信息的全部复制，如果全部或者大部分复制所形成的阅卷笔录就和案卷区别不大甚至没有区别，失去了阅卷笔录的功能和价值，所以阅卷阶段的证据摘录也只是在阅看证据的过程中，对确定为关键信息的部分进行复制。但在举证提纲中，这部分关键信息要再进一步予以筛选和概括，哪些是可以不用原文宣读只需要概括总结的，哪些是确实需要原文宣读但需要予以删减的，都是在制作举证提纲的过程中予以思考的。简言之，举证提纲来源于阅卷笔录，是阅卷笔录的精简、概括且体现指控思路的版本。

4. 简要分析证据。公诉人在举证阶段所要完成的任务不仅仅是对证据的简单出示，而是要对证据的证明力、证明目的进行简要的分析。而对证据的简要分析，我们认为大致可以分为两个部分：一是对单个证据的证明力分析，即单个证据是否具备真实性、合法性、关联性；二是对多个证据的证明力分析，即单个证据是否能够与其他证据形成相互印证关系，从而证实待证事实。

公诉人举证提纲案例演示

古天伟交通肇事案，案情简介：略，见上文。

本案系一起交通事故导致被害人死亡案件，公诉方经过对案件事实和在案证据的分析研判，认为本案的指控罪名应当是交通肇事罪。《刑法》第133条规定，违反交通运输管理法规，因而发生重大事故，致人重伤、死亡或者使公私财产遭受重大损失的，处三年以下有期徒刑或者拘役；交通运输肇事后逃逸或者有其他特别恶劣情节的，处三年以上七年以下有期徒刑；因逃逸致人死亡的，处七年以上有期徒刑。同时，根据《最高人民法院关于审理交通肇事刑事案件具体应用法律若干问题的解释》第2条规定，交通肇事具有下列情形之一的，处三年以下有期徒刑或者拘役：（一）死亡一人或者重伤三人以上，负事故全部或者主要责任的……

结合法律规定以及案件事实，公诉方确认本案的指控逻辑为证实被告人古天伟违反交通运输管理法规，驾驶机动车造成死亡一人的事故，并且负事故全部责任，应当构成交通肇事罪。在确认本案的待证事实后，形成举证提纲如下：

审判长，根据本案的事实与证据情况，公诉人拟分三组证据向法庭举证，请法庭准许。

第一组证据，证实被告人古天伟存在违反交通运输管理法规驾驶机动车的行为。

本组证据由道路交通事故现场勘察笔录、道路交通事故照片、证人吴靖林的证言以及被告人古天伟的供述组成，现按顺序向法庭举证：

1. 勘验检查笔录，道路交通事故现场勘察笔录（见证据卷P29）。

本案的道路交通事故现场勘察笔录由春江市公安交通警察支队天北交警大队依法出具，主要证实了涉案车辆停放位置的具体情况，以及被告人古天伟在事故发生后驶离现场的事实，公诉人宣读主要内容如下：（略）。

2. 书证，道路交通事故照片（见证据卷P30-32）。

该些道路交通事故照片系上述道路交通事故现场勘察笔录的附件,能够与前述勘验检察笔录相互印证,证明对象相同,因此公诉人不再赘述。

3. 证人吴靖林的证言(见证据卷 P43-46)。

证人吴靖林系案发当天搭乘被告人出租车的乘客,其证言内容证实了被告人古天伟在驾驶过程中未按规定停放机动车,同时未在乘客开门时尽到安全提示义务,公诉人简要宣读其 2015 年 4 月 8 日的证言如下:(略)。

同时,为更好的证明案件事实,公诉人现向法庭申请证人吴靖林出庭作证。

4. 被告人古天伟的供述(见证据卷 P47-54)。

被告人古天伟到案后共有 3 份供述,其供述虽然有所辩解,但对基本犯罪事实仍予以了客观表述,现公诉人简要宣读其首次笔录即 2015 年 4 月 8 日的供述如下:(略)。

公诉人第一组证据出示完毕,该组证据之间能够相互印证,形成证据锁链,证实被告人古天伟在本案中存在违反交通法规驾驶机动车的客观行为,现提交法庭质证。

第二组证据,证实本案交通事故造成一人死亡的结果,且被告人对交通事故负全部责任的事实。

本组证据由尸体检验司法鉴定意见书、车辆检验司法鉴定书、道路交通事故认定书、被告人古天伟的供述组成,现按顺序向法庭举证:

1. 鉴定意见,尸体检验司法鉴定意见书(见证据卷 P9-21)。

该尸体检验的鉴定意见由春江医科大学法医司法鉴定中心出具,证实本案被害人孔富贵符合交通肇事致颈部血肿及左膝软组织挫伤后,突发呼吸、心跳骤停,行心肺复苏术后,继发支气管肺炎、双侧胸腔积液及多器官功能衰竭而死亡。若辩护人对被害人系因车祸导致死亡的鉴定意见无异议,公诉人就不宣读鉴定意见的其他内容了。

2. 鉴定意见,车辆检验司法鉴定意见书(见证据卷 P22-28)。

该车辆检验的鉴定意见由春江机动车事故司法鉴定所出局,证实肇事车辆与被害人所骑非机动车的受损情况，证实本案事故系由处于开启状态的轿车右前车门后端与两轮车左前部为两车碰撞接触部位，碰撞痕迹可以形成，侧面印证了本案车祸发生的具体经过。

3. 书证，道路交通事故认定书（见证据卷 P33－34）。

该书证由春江市公安交通警察支队出具，证实根据公安部门经过对本案交通事故证据及事故形成原因的分析，认定被告人古天伟承担此事故全部责任。

4. 被告人古天伟的供述（见证据卷 P47－54）。

被告人古天伟的供述部分内容能够与上述鉴定意见以及书证相互印证，证实被告人古天伟存在违规停车、未切实履行安全提示义务以及发生事故后离开现场的事实。具体内容公诉人简要宣读如下：（略）。

公诉人第二组证据出示完毕，本组证据证实了被告人古天伟在驾驶中的违规行为导致交通事故，并致一人死亡，应当承担事故全部责任的情况，请法庭质证。

第三组证据，证实被告人的身份及到案情况。

1. 书证、常住人口基本信息（见证据卷 P7）。

该书证由春江市公安交通警察支队天北交警大队提供，证实被告人古天伟出生于1978年，已年满18周岁，已达完全刑事责任年龄。

2. 书证，到案经过（见证据卷 P3）。

该书证由春江市交通支队天北大队出具，证实被告人古天伟系接到公安机关电话后主动前往公安机关说明案件情况。

3. 被告人古天伟的供述（见证据卷 P47－54）。

被告人古天伟的供述亦能证实其系接电话后主动前往公安机关投案，且能够基本如实供述其犯罪事实。对此，在辩护人没有异议的情况下，公诉人不再宣读该部分供述。

公诉人第三组证据出示完毕，该组证据之间可以相互印证，证实被告人古天伟有主动投案且如实供述的情节，应当认定为自首。同时，公诉人全案证据出示完毕，提请法庭质证。

——2018年第六届全国大学生模拟法庭竞赛赛题

二、辩护人质证提纲的庭前准备

与公诉人不同，辩护人在庭审过程中的质证工作并无相关的规范和工作指引予以参考。但就刑事案件模拟法庭的质证环节本身而言，《人民检察院公诉人出庭举证质证工作指引》仍然可以为辩护人的质证工作提供借鉴。

第四十条 公诉人质证应当根据辩护方所出示证据的内容以及对公诉方证据提出的质疑，围绕案件事实、证据和适用法律进行。

质证应当一证一质一辩。质证阶段的辩论，一般应当围绕证据本身的真实性、关联性、合法性，针对证据能力有无以及证明力大小进行。对于证据与证据之间的关联性、证据的综合证明作用问题，一般在法庭辩论阶段予以答辩。

第四十一条 对影响定罪量刑的关键证据和控辩双方存在争议的证据，一般应当单独质证。

对控辩双方没有争议的证据，可以在庭审中简化质证。

对于被告人认罪案件，主要围绕量刑和其他有争议的问题质证，对控辩双方无异议的定罪证据，可以不再质证。

第四十二条 公诉人可以根据需要将举证质证、讯问询问结合起来，在质证阶段对辩护方观点予以适当辩驳，但应当区分质证与辩论之间的界限，重点针对证据本身的真实性、关联性、合法性进行辩驳。

质证工作本身就是控辩双方围绕证据真实性、合法性以及关联性进行辩论的过程，因此，检察机关针对公诉人制定的质证工作指引也完全可以适用于辩护人。综上，辩护人在庭前制作质证提纲，大致可以按照下列步骤进行：

1. 预测指控逻辑。与庭审实务相同，辩护方在庭审前会收到由组委会组织转交的公诉方制作的《起诉书》。《起诉书》载明公诉机关认定的犯罪事实和适用法律情况，辩护人可以通过对《起诉书》的分析，结合在案证据情况来预测公诉人的指控逻辑。然而，即便是在庭审实务中，辩护人虽然有阅卷权利，但公诉人并不会在庭审前向辩护人移交举证提纲；模拟法庭虽要求公诉方提交《证据目录》，但公诉方却没有义务在《证据目录》中将证据按照举证提纲来分组。所以，辩护人通常无法知晓公诉人在庭审中会如何进行分组举证，只能通过对指控逻辑的预测，来进一步预估公诉人可能的证据分组情况。

2. 分析单个证据瑕疵。如前文所述，辩护人需要对公诉人的举证逻辑进行一定程度的预测，但辩护人在质证过程中并不需要对证据进行分组质证。因此，质证提纲与举证提纲不同，不需要也无法进行分组安排。如果事先就在质证提纲中按照对公诉方的分组预测来对质证意见也进行分组，那么当庭审过程中如果公诉人并未按照事先预测来分组，在质证过程中反而会出现措手不及的情况。而所谓单个证据瑕疵，即指针对某一个证据进行独立的"三性"分析，以得出该证据对待证事实不具备证明力，不应被法庭采纳的结论。综上，不难发现，辩护人对单个证据的瑕疵分析事实上在阅卷阶段就应当完成，因为在阅卷时，辩护人除了摘抄证据的具体内容，原本就应当针对证据本身的问题进行分析，质证提纲只是对阅卷笔录证据分析部分的原样照搬而已。

3. 归纳多个证据矛盾。单个证据瑕疵是指每一个证据在独立审查时出现的问题，可以是形式要件的问题，也可以是同一个证据不同时期的冲突，如同一个证人的证言前后有矛盾等等。多个证据的矛盾是指对证据进行横向比较过程中出现的问题，通常都是证据内容上的冲突。例如，不同证人证言之间的矛盾，或者证人证言与被告人辩解之间的矛盾等等。然而，正如《人民检察院公诉人出庭举证质证工作指引》所规定的，对于证据与证据之间的关联性、证据的综合证明作用问题，一般在法庭辩论阶段予以答辩，当横向就证据之间的内容进行比较，并讨论证据之间的相互印证关系时，就有可能与辩论环节产生模糊不清的混同感。

如何把握质证环节与辩论阶段的界限？本书认为，在质证环节针对不同证据之间进行比较分析,应当针对证据本身。换言之,就证据之间的相互印证关系进行讨论所得出的结果应当是证据"三性"存在问题而并非事实认定存疑。可以将这个界限概括为:"质证环节讨论证据之间的关系,其结论应当是证据是否可信,而辩论阶段讨论证据之间的关系,其结论应当是事实是否可定。"

公诉人举证提纲案例演示

古天伟交通肇事案,案情简介:略,见上文。

辩护人通过阅看案卷和公诉机关的《起诉书》不难得出结论,即公诉机关会基于被告人违反交通法规驾驶机动车并发生事故,导致一人死亡,在公安机关认定其应当承担事故全部责任这一基础上指控其构成交通肇事罪。因此,本案的核心争议证据应当是公安机关的事故责任认定书、乘客吴靖林的证言以及被告人本人的供述。因此,本案辩护人的质证提纲大致如下:

一、书证,案件来源(证据卷 P3)。

鉴于公诉人已经认定被告人有自首情节,因此无异议。

二、书证、常住人口基本信息(证据卷 P7)。

无异议。

三、尸体检验鉴定意见书(证据卷 P9-21)。

无异议。

四、车辆检验司法鉴定意见书(证据卷 P22-28)。

真实性、合法性无异议。关联性,单个证据瑕疵:根据被害人的非机动车受损情况,可以判断车辆受损较为严重,如果只是被机动车开门时剐蹭,不应出现如此严重的损伤,因此从该司法鉴定意见书的内容来看,不能排除当时非机动车由于车速过快,导致冲撞了已经开门的机动车这一情况。多个证据比较:通过被告人供述也可以了解到,被告人古天伟在停车后并未从后视镜中看到非机动车驶来,但当乘客开门时却突然有非机动车冲撞,结合公诉人出示的车辆检验司法鉴定意见书，确实不能排除非机动车车速过快的可能性。

五、道路交通事故现场勘察笔录及照片（证据卷 P29－32）。

无异议。

六、道路交通事故认定书（证据卷 P33－34）。

真实性、合法性无异议。关联性，单个证据瑕疵：该道路交通事故认定书，存在两个问题：第一，事实认定的角度，该认定书认为由于被告人古天伟未靠近道路右侧停车，乘客吴靖林下车开车门与孔富贵驾驶二轮电动自行车相撞后，古天伟未保护事故现场驾驶宁 EW7882 驶离现场。因此，被告人古天伟应当承担此事故全部责任。但是该事故认定书并未考虑到本案中乘客的因素，乘客有催促司机停车以及开门未注意后方安全的行为，因此也应当对事故承担一定责任。目前仅以司机单方面的行为就认定其应当承担全部责任，显然是没有考虑到全部情况的片面认定。第二，法律适用的角度，根据相关规定，对于交通肇事罪中事故责任的认定问题，不因仅靠公安机关出具的《道路交通事故认定书》，而应当针对被告人的行为进行综合评判。因此，公诉机关不能仅凭公安机关认定的全责来作为认定被告人交通肇事罪的依据。多个证据比较：被告人古天伟的供述证实乘客吴靖林在本案中有催促停车等行为，而证人吴靖林的证言中也提到古天伟并非故意离开现场，而是认为责任不在自己才选择离开也不应认定为逃逸。因此，辩护人认为该两份证据也能证实公诉人刚刚出具的《道路交通事故认定书》存疑，合议庭在采信时应当审慎考量。

七、扣押物品、文件清单（证据卷 P35－36）。

无异议。

八、证人吴靖林的证言（证据卷 P38－43）。

合法性无异议。真实性：辩护人认为证人吴靖林是本案的利害关系人，因为其本身有可能要对事故承担责任，因此为了避免自己承担责任，其有可能作出避重就轻有利于自己的证言，真实性存疑。关联性，单个证据瑕疵：

证人吴靖林的证言本身存在三个疑问：第一，其证言提到了被告人的停车位置，但是并未提到在案发地点停车的具体原因；第二，其证言称并没有听到司机进行安全提示，但请法庭注意，没有听到并不能代表被告人没有提示；第三，其证言也提到了被告人并不是完全没有任何措施就离开了现场，被告人古天伟也曾下车查看被害人的情况，只是其认为责任应当由乘客承担才离开了现场。多个证据比较：结合被告人本人的供述，以及车辆检验的鉴定意见，辩护人认为本案确实存在乘客吴靖林催促甚至强迫被告人违规停车，且由于下车太着急未能听到被告人安全提示的情况，同时亦存在被害人驾驶非机动车速度过快的情况。因此，证人吴靖林的部分不利于被告人的证言与其他证据不能形成相互印证关系，不应被采纳。

此处需要说明的是，由于公诉机关申请证人出庭的文书会在庭前移送给法庭并交于辩护方，因此，对证人吴靖林的质证还需要准备发问提纲。

九、被告人古天伟供述（证据卷 P47-54）。

无异议。

——2018 年第六届全国大学生模拟法庭竞赛赛题

第三节　庭审举证质证的具体方法

如前文所述，刑事诉讼中有八种证据种类，分别是物证，书证，证人证言，被害人陈述，犯罪嫌疑人、被告人供述和辩解，鉴定意见，勘验、检查、辨认、侦查实验等笔录，视听资料、电子数据。除了电子数据，其余的证据种类均在以往的模拟法庭竞赛中出现过，而每种证据的举证及质证方式都有着不同特点和要求，因此，本书将区分不同证据种类来分析庭审举证与质证的具体方法。需要说明的是，各类证据的重点审查方法并不是本书需要讨论和分析的内容，本书主要研究在模拟法庭庭审过程中对各类证据应当如何出示，又应当如何提出质证意见的技巧，当然也会涉及简要的证据审查要点。

一、物证

物证，通常是指以外观、属性、所处位置等特征来证明案件事实的物品或者痕迹，如作案工具、遗留在现场的血迹等。根据相关规定，公诉人出示的物证一般应当是原物。因此，在庭审实践中，公诉人出示物证的方式是展示加说明，即将物证直接在法庭上予以展示，并说明物证的形态、数量、所处位置特征，同时分析物证的证明目的。需要重点强调的是，物证作为可以向法庭展示原物的证据，公诉人在举证的同时需要提示法庭将该物证交被告人予以辨认。然而，由于模拟法庭的条件限制，不可能在现有证据材料中出现真正的物证，物证一般会以照片的方式在案卷材料中呈现。因此，模拟法庭的公诉人针对物证应当以出示照片的方式来向法庭举证，公诉人除了说明物证的相关特征以及证明目的，还应当说明物证照片已经与原物进行核对，且不能出示原物的具体原因。

对于物证的质证，可以从以下方面进行：（1）物证是否为原物、照片是否与原物核对无误，如照片是否注明与原件核对无误、照片是否有拍摄时间等；（2）物证的收集程序、方式是否符合法律规定，如是否有证据调取人的签名、盖章等；（3）物证在收集、保管、鉴定过程中是否受损或者改变，如缺失关于物证原物存放地点的说明等；（4）物证与案件事实有无关联。然而，模拟法庭本身就有材料形式的限制，而且模拟法庭本身就可能存在不得质疑证据真实性、合法性的规定，因此，除非证据中有明确的物证可能存在瑕疵的痕迹，否则上述第 1 至 3 项不应成为模拟法庭中质证的重点。

就关联性部分，除了分析物证与待证事实之间的关联性，此处需要重点强调一个比较容易被忽略的细节，即物证中的痕迹证据如遗留在案发现场的血液、毛发、指纹、足迹等，痕迹和样品都是需要检验的，此时应当比对其他比如勘验检查笔录和鉴定意见等证据，如果上述痕迹应当检验而未检验，同样可以做出关联性缺失，待证事实存疑的质证意见。

二、书证

书证，通常是指以文字、符号、图形等内容来证明案件事实的证据，如信件、文件、合同等。由于模拟法庭对证据材料的限制，以及法科生本身的知识水平与实务经验，书证是模拟法庭中最为常见的证据形式之一。由于书证通常以其本身的内容来证明待证事实，这些内容一般又会以文字材料的形式予以展现，因此模拟法庭中的公诉人出示书证的方式应当以宣读书证为主。宣读书证的主要内容应当包括：（1）书证的名称，即书证的标题或者类型，如银行交易流水、常住人口信息等。（2）书证的出处，即书证在案卷中的所处位置。（3）书证的来源，即书证的制作人、提供人和提取人，以证实书证的合法性。（4）书证的内容，宣读书证内容的方式应当根据书证类型的不同采取不同的方式，如信件、传真、邮件等直接反映案件事实的，应当采用简要宣读主要内容的方式；如合同、图表、文件等反映客观状态的，应当采用归纳关键信息的方式等。

对于书证的质证，基本与物证相同，可以从以下方面进行：（1）书证是否为原件，复制件是否与原件核对无误；（2）书证的收集、保管是否符合法律规定；（3）与物证略有不同的是，书证要考察是否存在更正的痕迹，如果有修改和更正又不能说明原因的，不能作为定案依据；（4）书证与案件事实有无关联。

与物证相似，上述第1至3项不应成为模拟法庭质证的主要内容，对书证的质证应当主要和其他证据进行比较分析，论证其是否能够证明待证事实，是否具备关联性。

三、证人证言、被害人陈述

在庭审实践中，被害人可以出庭并在庭审过程中发表自己的意见，同时，被害人陈述的证据形式和相关内容都与证人证言极为类似，甚至在部分案件中，公诉方可以将被害人作为证人向法庭申请出庭。因此，本书将证人证言、被害人陈述作为同一类别分析举证和质证方式。

证人证言、被害人陈述均是言词证据，系由证人、被害人以语言表达的方式作证，由取证机关以文字记录的方式作为证据呈现。因此，公诉人出示证人证言、被害人陈述的方式有两种：（1）申请证人出庭，即直接让证人、被害人在庭审中出庭直接讲述证言和陈述内容，并接受控辩双方的交叉询问，具体方式和技巧在发问阶段已有相应分析，此处不再赘述。（2）宣读，即公诉人通过宣读以往笔录的方式，向法庭出示证人证言和被害人陈述。

公诉人宣读证人证言和被害人陈述应当包含以下内容：（1）证据的形成时间和出处，由于证人证言和被害人陈述均存在有多份的可能，公诉人又不可能对全部的言词证据均进行宣读，因此在选择性宣读的情况下，首先应当向法庭表明公诉人选择的是哪一份笔录，该份笔录是何时做出的，以及该份笔录在案卷中的位置，以便合议庭与辩护人能够迅速定位到公诉人所要宣读的笔录。（2）证人与本案的关系，在宣读笔录内容之前，公诉人应当告知法庭证人与本案的关系，是目击者还是接受传来信息的知情者等，以明确是否存在可能影响证明力的利害关系。（3）证据的内容，模拟法庭中，公诉人宣读证人证言、被害人陈述应当根据不同情况采取不同方式：首先，若该证人证言、被害人陈述对案件事实的认定存在关键影响，甚至可以直接排除被告人辩解的，应当选择关键信息予以详细宣读；其次，若该证人证言、被害人陈述只能反映部分事实情况的，则根据其反映的情况与公诉人的指控需要，节录部分予以简要宣读；最后，若该证人证言、被害人陈述并非证实关键事实，或者与公诉人已经宣读过的其他言词证据高度重合，公诉人可以概括和归纳的方式说明证据内容而不进行宣读。

对于证人证言、被害人陈述的质证，可以从以下方面进行：（1）询问的时间、地点、记录人不符合法律规定的，如询问地点没有经证人同意直接在办案机关进行的，询问笔录出现同一时段、同一询问人员询问不同证人的等。（2）证人本身存在作证能力瑕疵的，如生理上、精神上有缺陷，或者处于明显醉酒、中毒或者麻醉状态，又或者聋哑人作证未提供翻译的等。（3）证人证言、被害人陈述存在猜测性、评论性、推断性的内容，证人证言、被害人陈述应当主要围绕自己所知道的事实陈述客观情况，证言中若包含带有发表观点性质的内容，如"我认为被告人一定是做了什么"等，均可能是猜测和评论性质的，不应作为证据采信[①]。（4）与被告人有利害冲突的证人所作的不利被告人的证言，如被害人天然与被告人有利害冲突，其陈述显然一定不利于被告人，这种情况下则要考察该些对被告人不利的内容是否有其他证据能与之相互印证，若有则仍然可以作为证据采信。（5）证人证言、被害人陈述与案件的关联性。

对于证人证言和被害人陈述，本书认为，不应在模拟法庭中质疑合法性，但对真实性应当进行一定程度的考量，所以上述第 1 至 5 项都可以作为模拟法庭质证的主要内容。

需要强调的是，2018 年施行的最高人民法院《人民法院办理刑事案件第一审普通程序法庭调查规程（试行）》第 25 条规定："证人出庭作证的，其庭前证言一般不再出示、宣读，但下列情形除外：（一）证人出庭作证时遗忘或者遗漏庭前证言的关键内容，需要向证人作出必要提示的；（二）证人的当庭证言与庭前证言存在矛盾，需要证人作出合理解释的。为核实证据来源、证据真实性等问题，或者帮助证人回忆，经审判长准许，控辩双方可以在询问证人时向其出示物证、书证等证据。"

四、被告人供述和辩解

与证人证言、被害人陈述类似，被告人供述和辩解也是言词证据的一种，系由被告人以语言表达的方式作出，由取证机关以文字记录的方式作为证据呈现。因此，公诉人出示被告人供述的方式也是两种：一是通过讯问使被告人当庭供述案件事实，二是通过宣读呈现被告人以往的供述。公诉人宣读被

[①] 《最高人民法院关于适用〈中华人民共和国刑事诉讼法〉的解释》第 88 条第 2 款规定："证人的猜测性、评论性、推断性的证言，不得作为证据使用，但根据一般生活经验判断符合事实的除外。"

告人供述和辩解的内容也基本与证人证言类似，即应当包含笔录的出处以及形成时间等要素。

对被告人供述和辩解的质证，与证人证言、被害人陈述略有不同，具体如下：首先，虽然模拟法庭原则上禁止被告人翻供，但被告人仍然可以在庭审过程中在以往供述的基础上进行一定程度的演绎和解释，若被告人的演绎和解释事实上已经形成了与以往供述之间的冲突，同时又对定罪量刑有重大影响，公诉人应当对其以往供述进行详细宣读，以揭露当庭供述的虚假性；其次，若被告人当庭并未进行演绎和解释，但表示部分内容公诉人未能通过庭审讯问环节进行确认，那么公诉人应当予以说明并且节录该些内容当庭进行简要宣读；最后，若被告人当庭供述与以往供述基本一致，则公诉人只需说明一致的情况，不需要再宣读其以往供述。

对于被告人供述和辩解的质证，在司法实践中，有时会出现辩护人认为被告人供述系非法手段获取，如刑讯逼供、疲劳审讯等，或者在对特殊案件的讯问中未进行同步录音录像等，但模拟法庭禁止辩护人针对被告人供述的合法性提出质疑，因此，上述情形都不应成为质证的内容。总之，在对被告人供述和辩解进行质证的过程中，相关内容应当与证人证言、被害人陈述大同小异，主要还是围绕关联性问题进行，此处不再过多赘述。

五、鉴定意见

鉴定意见是在书证、证人证言、被告人供述和辩解之外，模拟法庭中另一个常见的证据类型。鉴定意见是指各行业的专家对案件中的专门性问题所出具的专门性意见，常见的鉴定意见主要包括尸体检验、痕迹检验、车辆检验、物品价格鉴定等。鉴定意见的表现形式是专家在对相关检材进行检验后，以书面报告的方式发表自己的观点。因此，公诉人出示鉴定意见的方式主要为申请鉴定人出庭和宣读两种方式。

鉴定意见一般会包含如下内容：（1）基本情况，包括委托人、委托事项、鉴定材料等基本信息。（2）检材情况，即对检材的大致情况进行说明，如尸体检验时对死者的死亡过程表述，痕迹检验时对痕迹提取情况的表述等。（3）检验过程，包括检验方法、具体事项检验内容等。（4）鉴定意见，是对检验结果的结论性意见。（5）鉴定人签名及机构盖章，以证实鉴定人和鉴定机构具备相应资质，表明鉴定意见合法性。上述内容中，若辩护人对鉴定意见没有实质性的异议，那公诉人仅需宣读第4项结论性鉴定意见即可，若辩护人有异议，则根据异议内容选择性的宣读鉴定意见其他部分。

对于鉴定意见的质证，最高人民检察院发布的《人民检察院公诉人出庭举证质证工作指引》对辩护人如果出示了相关鉴定意见，公诉人应当如何质证进行了相关指引，且该指引非常全面具体，完全可以作为辩护人对鉴定意见进行质证的参考，具体规定如下：

第六十七条 对辩护方出示的鉴定意见和提请出庭的鉴定人，公诉人可以从以下方面进行质证：

（一）鉴定机构和鉴定人是否具有法定资质；

（二）鉴定人是否存在应当回避的情形；

（三）检材的来源、取得、保管、送检是否符合法律和有关规定，与相关提取笔录、扣押物品清单等记载的内容是否相符，检材是否充足、可靠；

（四）鉴定意见的形式要件是否完备，是否注明提起鉴定的事由、鉴定委托人、鉴定机构、鉴定要求、鉴定过程、鉴定方法、鉴定日期等相关内容，是否由鉴定机构加盖司法鉴定专用章并由鉴定人签名、盖章；

（五）鉴定程序是否符合法律和有关规定；

（六）鉴定的过程和方法是否符合相关专业的规范要求；

（七）鉴定意见是否明确；

（八）鉴定意见与案件待证事实有无关联；

（九）鉴定意见与勘验、检查笔录及相关照片等其他证据是否矛盾；

（十）鉴定意见是否依法及时告知相关人员，当事人对鉴定意见有无异议。

必要时，公诉人可以申请法庭通知有专门知识的人出庭，对辩护方出示的鉴定意见进行必要的解释说明。

此处需要着重说明的是，无论公诉人是否选择了申请鉴定人出庭，控辩双方在对鉴定意见质证之前应当做好除法学理论知识之外的，与鉴定意见有关的专业理论知识，如医学、会计学等等。对此，本章第四节有详细说明。

六、勘验、检查、辨认、侦查实验等笔录

由于在模拟法庭中，从未出现过侦查实验笔录的证据，而侦查实验的过程也相对比较复杂，未来也很难会出现在模拟法庭的案件材料中，因此，本书讨论的该种证据类型主要为勘验、检查笔录和辨认笔录两种。

勘验、检查笔录是指办案机关人员对案件中的地点、物品、痕迹、尸体等进行勘验、检查，并将上述过程以文字记录的方式所形成的证据；辨认笔录则指办案机关人员组织被告人、被害人或者证人对涉案相关人员、物品等进行辨认，并以文字形式记录辨认经过以及辨认结果的证据。公诉人出示勘验、检查、辨认笔录的方式为宣读，其中，勘验、检查笔录的内容主要包括：勘验地点、勘验时间、勘验人员单位以及勘验内容；辨认笔录的内容则包括：辨认过程和辨认结果。公诉人应当在上述内容中针对勘验内容、辨认过程和辨认结果进行概括式简要宣读。

对于勘验、检查笔录的质证，除关联性之外，均为勘验时没有见证人；没有在侦查人员主持下进行；检查妇女身体，未由女工作人员、医师进行；勘验、检查笔录对物品的名称、特征、数量、质量等注明不详等程序性事项，该些情况均系对勘验、检查笔录的证据合法性质证，通常不在模拟法庭允许质证的范围内，因此，对勘验、检查笔录的质证应当主要围绕关联性来进行。

需要重点说明的是辨认笔录，辨认笔录除关联性之外，即便是在模拟法庭中，也应当着重审查以下内容：（1）是否存在辨认前使辨认人见到辨认对象的；（2）辨认对象没有混杂在具有类似特征的其他对象中，或者供辨认的对象数量不符合规定的，如辨认结果为一秃顶男性，而其他对象均为有头发的男性显然就属于辨认对象有明显指向性的情形；（3）辨认中给辨认人明显

暗示或者明显有指人嫌疑的，如在辨认前讯问时特别说明辨认对象特征的。上述情形会直接影响到辨认笔录的真实性，在模拟法庭中若出现上述情形，是可以作为质证的主要内容的。

七、视听资料、电子数据

视听资料是指以录音、录像等电子设备为手段，以影像和录音内容来证明案件事实的证据，典型的视听资料如案发地点的监控录像等；电子数据是指以数据形式留存，包括文字、图形、数字等证明案件事实的证据，典型的电子数据如被告人电子邮箱中的邮件等。由于模拟法庭的限制，视听资料和电子数据都不会以证据的本来形式出现，都只能以文字的形式呈现在证据材料中，公诉人在模拟法庭的庭审过程中也不能以其他方式如播放视听资料的方式来出示证据，只能以宣读的方式来出示视听资料和电子数据。

对于视听资料和电子数据的质证，最高人民检察院发布的《人民检察院公诉人出庭举证质证工作指引》中同样有相应的规定可以参考，具体内容如下：

第六十九条 对辩护方出示的视听资料，公诉人可以从以下方面进行质证：

（一）收集过程是否合法，来源及制作目的是否清楚；

（二）是否为原件，是复制件的，是否有复制说明；

（三）制作过程中是否存在威胁、引诱当事人等违反法律、相关规定的情形；

（四）内容和制作过程是否真实，有无剪辑、增加、删改等情形；

（五）内容与案件事实有无关联。

第七十条 对辩护方出示的电子数据，公诉人可以从以下方面进行质证：

（一）是否随原始存储介质移送，在原始存储介质无法封存、不便移动等情形时，是否有提取、复制过程的说明；

（二）收集程序、方式是否符合法律及有关技术规范；

（三）电子数据内容是否真实，有无删除、修改、增加等情形；

（四）电子数据制作过程中是否受到暴力胁迫或者引诱因素的影响；

（五）电子数据与案件事实有无关联。

第四节 司法鉴定知识的运用

一、司法鉴定意见的概念与分类

模拟法庭的赛题一般选取实践中可辨性较强、争议性较大的经典案例，这类案例往往会涉及各种类型的司法鉴定。围绕鉴定意见展开发问和举证质证便成了比赛的重头戏。在以往的全国大学生模拟法庭竞赛和上海市大学生模拟法庭竞赛中，就有多次安排鉴定人出庭，对司法鉴定这一专业性很强的工作，展开实质性的对抗和辩论的情形，同时，在校大学生对司法鉴定较为陌生，本节就这一专业性极强的问题展开说明。

根据 2005 年 2 月 28 日第十届全国人民代表大会常务委员会第十四次会议通过的《全国人民代表大会常务委员会关于司法鉴定管理问题的决定》（2015 年修正）第 1 条的规定，"司法鉴定是指在诉讼活动中鉴定人运用科学技术或者专门知识对诉讼涉及的专门性问题进行鉴别和判断并提供鉴定意见的活动"。

司法鉴定的执业分类包括法医类司法鉴定、物证类司法鉴定、声像资料司法鉴定和环境损害司法鉴定。法医类司法鉴定是指在诉讼活动中法医学各专业鉴定人运用科学技术或者专门知识，对诉讼涉及的专门性问题进行鉴别和判断并提供鉴定意见的活动。法医类司法鉴定依据所解决的专门性问题分为法医病理鉴定、法医临床鉴定、法医精神病鉴定、法医物证鉴定、法医毒物鉴定等。物证类司法鉴定是在诉讼活动中鉴定人运用物理学、化学、文件检验学、痕迹检验学、理化检验技术等原理、方法和专门知识，对文书物证、痕迹物证、微量物证等涉及的专门性问题进行鉴别和判断并提供鉴定意见的活动。物证类司法鉴定解决的专门性问题包括：文书物证的书写人、制作工具、制作材料、制作方法，及其内容、性质、状态、形成过程、制作时间等鉴定；痕迹物证的勘验提取，造痕体和承痕体的性质、状况及其形成痕迹的同一性、形成原因、形成过程、相互关系等鉴定；微量物证的物理性质、化学性质和成分组成等鉴定。声像资料司法鉴定是指在诉讼活动中鉴定人运用物理学、语言学、信息科学与技术、同一认定理论等原理、方法和专门知识，对录音、图像、电子数据等涉及的专门性问题进行鉴别和判断并提供鉴定意见的活动。声像资料司法鉴定包括录音鉴定、图像鉴定、电子数据鉴定。解决的专门性问题包括：录音和图像（录像/视频、照片/图片）的真实性、同一性、相似性、所反映的内容等鉴定；电子数据的存在性、真实性、功能性、相似性等鉴定。环境损害司法鉴定是指在诉讼活动中鉴定人运用环境科学的技术或者专门知识，采用监测、检测、现场勘察、实验模拟或者综合分析等技术方法，对环境污染或者生态破坏诉讼涉及的专门性问题进行鉴别和判断并提供鉴定意见的活动。环境损害司法鉴定解决的专门性问题包括：确定污染物的性质；确定生态环境遭受损害的性质、范围和程度；评定因果关系；评定污染治理与运行成本以及防止损害扩大、修复生态环境的措施或方案等。

二、鉴定程序的审查和质证

在程序审查和质证方面，通过研究司法鉴定相关法律规范，可以基本掌握其质证的要点，只是在不同的鉴定意见中侧重点不同。常见的程序质证要点如下：

1. 对鉴定资质的审查。该项审查是各类司法鉴定意见中均应审查的内容，除了审查司法鉴定机构、司法鉴定人的执业资质外，应重点审查司法鉴定机构或司法鉴定人是否具备本案中委托的司法鉴定项目的鉴定资质，司法鉴定人有无超鉴定范围执业的情况。

2. 对鉴定能力的审查。一是对鉴定人要有全方位的了解，包括其教育背景、工作经历等。重新鉴定时，《司法鉴定程序通则》《公安机关鉴定规则》

均对重新鉴定机构和鉴定人有规定，一般选择具有高级职称司法鉴定人。二是对鉴定机构的能力水平有充分了解，包括是否具备实验室相关认证认可资质，是否通过相关司法鉴定项目的能力验证等。

3. 对鉴定人是否和本案当事人有利害关系的审查。这类审查在医疗鉴定中表现得格外突出，要对原有的一般利害关系，如师生关系、亲子关系等进行审查；同时应审查在鉴定中由于利益构建的新的利害关系。

4. 对复核人或者专家的审查。对于涉及复杂、疑难、特殊技术问题或者重新鉴定的鉴定事项，鉴定机构应启动复杂鉴定程序，同时可以组织专家进行会诊或复核，复核人员完成复核后，应当提出复核意见并签名，存入鉴定档案。应重点审查复核人或者专家的教育背景，是否为兼职鉴定人，有无鉴定经历，从事的相关理论研究，实践经验是否足够丰富等。

5. 对鉴定委托程序的审查。对委托手续进行一般审查，手续是否完备、合规等。对委托事项和鉴定事项是否一致进行审查。对司法鉴定收费是否符合标准进行审查。

6. 对鉴定事项是否明确的审查。这类审查一是审查委托事项是否模糊不清，范围是否过大；二是审查委托人在委托时对委托事项是否具有倾向性，鉴定事项与争议事项和法律结果之间是否具备一致性、针对性。

7. 对鉴定期限的审查。审查鉴定报告中委托日期、受理日期、鉴定日期等，评估各时间节点是否符合正常开展鉴定的条件和逻辑，评估鉴定时限是否合规等。

8. 对签字、证件号码等形式问题的审查。审查鉴定意见中的鉴定人签字是否为鉴定人本人所签，执业证号是否和执业证复印件一致。提出对此类形式问题的审查意见的意义在于让法官对该鉴定意见的严肃性产生怀疑。

上述事项大都是对合法性的规定，如前文所述，限于模拟法庭的特点，在模拟法庭活动中，很少对上述事项展开质证。

司法鉴定相关法规文件汇总

1. 《全国人民代表大会常务委员会关于司法鉴定管理问题的决定》（2015 年修正）
2. 《中华人民共和国刑事诉讼法》
3. 《中华人民共和国民事诉讼法》
4. 《中华人民共和国行政诉讼法》
5. 《全国人民代表大会常务委员会关于修改〈中华人民共和国民事诉讼法〉的决定》（2021 年 12 月 24 日通过）
6. 《最高人民法院对外委托鉴定、评估、拍卖等工作管理规定》（法办发〔2007〕5 号）
7. 《最高人民法院技术咨询、技术审核工作管理规定》（法办发〔2007〕5 号）
8. 《最高人民法院关于人民法院民事诉讼中委托鉴定审查工作若干问题的规定》（法〔2020〕202 号）
9. 最高人民法院《人民法院在线诉讼规则》（法释〔2021〕12 号）
10. 最高人民检察院《人民检察院鉴定机构登记管理办法》（2006 年 11 月 30 日 高检发办字〔2006〕33 号）
11. 最高人民检察院《人民检察院鉴定人登记管理办法》（2006 年 11 月 30 日 高检发办字〔2006〕33 号）
12. 最高人民检察院《人民检察院鉴定规则（试行）》（2006 年 11 月 30 日 高检发办字〔2006〕33 号）
13. 《最高人民检察院关于指派、聘请有专门知识的人参与办案若干问题的规定（试行）》（高检发释字〔2018〕1 号）
14. 公安部《公安机关鉴定机构登记管理办法》（2019 年修订）（中华人民共和国公安部令第 155 号）
15. 公安部《公安机关鉴定人登记管理办法》（2019 年修订）（中华人民共和

国公安部令第 156 号）

16. 公安部《公安机关鉴定规则》（公通字〔2017〕6 号）

17. 公安部、市场监管总局《关于规范和推进公安机关鉴定机构资质认定工作的通知》（公刑侦〔2021〕4329 号）

18. 最高人民法院、最高人民检察院、司法部《关于将环境损害司法鉴定纳入统一登记管理范围的通知》（司发通〔2015〕117 号）

19. 司法部办公厅《关于严格依法做好司法鉴定人和司法鉴定机构登记工作的通知》（司办通〔2018〕164 号）

20. 司法部《司法鉴定机构内部复核工作规定（试行）》（司规〔2022〕3 号）

21. 司法部《关于严格准入 严格监管 提高司法鉴定质量和公信力的意见》（司发〔2017〕11 号）

22. 司法部《司法鉴定程序通则》（2016 年修订）（中华人民共和国司法部令第 132 号）

三、鉴定实体的审查和质证

在实体审查和质证方面，在面对案例中的专业鉴定意见时，应静下心来认真学习。在司法实践中，同一类的司法鉴定意见在实体上出现的漏洞也有相似之处，是有规则可循的。因为每一类别的司法鉴定意见中的专业技术问题是基本固定的，所以在初步掌握了这些知识后，就可以对该类鉴定意见梳理出大致的实质问题。

1. 是否进行了现场检查（实地勘察）。在某些鉴定中，现场检查（实地勘察）对鉴定结果有着很大的影响，如车辆交通事故鉴定，鉴定人没有实地踏勘测量，仅仅使用交警勘验报告、事故照片视频等进行鉴定，鉴定意见中也未见记载所依据的数据是如何测量得出的，那么得出的鉴定意见的依据便不充分。

2. 对检材的审查。对检材的审查非常重要，包括对检材的提取数量情况是否有记录；检材与原始提取物是否为同一物；扣押过程、称量方法、取样过程是否合法；应当提取的检材是否全部提取，是否提取了应当鉴定的检材而最终没有鉴定；送检过程、拆封过程是否依照法定程序进行；检材的提取时间与检验鉴定时间间隔的长短是否在一个合理范围内等。

3. 对样本的审查。可参照和结合对检材的审查，同时对样本进行审查。对样本的审查也可以结合案件中其他证据材料对样本的收集、保存、流转程序是否规范进行审查。

4. 对鉴定方法的审查。不同的案件，不同的鉴定项目，会使用不同的鉴定方法。同学们应该掌握常用的司法鉴定的鉴定方法，对司法实践中容易出现错误的鉴定方法要特别注意。

5. 对鉴定过程的审查。大部分鉴定意见对鉴定过程的描述都非常简单，同学们可以学习相关的司法鉴定技术规范，对鉴定过程是否科学、合规、全面进行审查。如印章印文鉴定，鉴定过程中应充分考虑印章印文的盖印情况，印章印文的变化等因素，鉴定人是否多角度、全方面进行综合检验，鉴定过程中是否运用多种技术手段等。

6. 对图谱、附注照片等的审查。注意审查鉴定意见中所附的照片，以及图谱是否与鉴定过程的有关描述、结论的描述均一致等。

7. 对损伤与疾病参与度判别的审查。鉴定意见需要对损伤与疾病参与度判别清晰，即到底是外伤的参与度大，还是疾病的参与度大。部分法医鉴定意见对此分析不足，导致鉴定结果公信力偏低。

8. 对医疗救助介入因素的审查。医疗救助介入因素的不同程度与死因的关系是个难点，如果根据案件其他资料显示，医疗救助因素介入在一定程度上和死因有关系，而鉴定意见却未予载明，辩护人需要根据案件其他资料提出质证意见。

9. 对鉴定所适用标准的审查。同一个鉴定事项，在刑事诉讼或民事诉讼中，可能使用的鉴定标准不同。在同一类诉讼程序中，公安机关鉴定机构和司法部登记的鉴定机构可能使用的鉴定标准不同。在医疗纠纷、司法精神疾病鉴定等法医类鉴定中,不同主体、不同类型案件所使用的鉴定标准也不相同。可结合各鉴定技术标准对案件详细分析,发现鉴定的技术错误。

10. 对鉴定结论的审查。一些鉴定结论很明显地将检验和论证,或者将检验部分与论证和结论部分混为一谈,造成以论证说论证,而不是以现有的证据论证得到的结果,有几分"强说理"的意味在其中,细微处可能很难分辨这种差别,在司法实践中却可能对案件的定性产生极大的影响,甚至可能因此造成不公正的判决。因此,公诉人、辩护人应当对鉴定意见的分析论证内容进行审查,主要审查鉴定意见是否具有排他性、唯一性。

11. 对鉴定意见证明力的审查。有些鉴定意见为非确定性鉴定意见,要注意对鉴定意见证明力的审查,同时要注意对鉴定意见和其他证据的关联性进行审查。

同真实庭审一样,在模拟法庭活动中,参与者可以对上述事项展开质证。

司法部司法鉴定技术标准汇总

1. 法医病理鉴定

SF/Z JD0101002—2015《法医学尸体解剖规范》(2015 年 11 月 20 日)

SF/Z JD0101003—2015《法医学虚拟解剖操作规程》(2015 年 11 月 20 日)

SF/T 0067—2020《尸体多层螺旋计算机体层成像(MSCT)血管造影操作规程》(2020 年 5 月 29 日)

2. 法医临床鉴定

SF/T 0111—2021《法医临床检验规范》(代替:SF/Z JD0103003—2011)(2021 年 11 月 17 日)

SF/Z JD0103012—2018《嗅觉障碍的法医学评定》(2019 年 1 月 1 日)

SF/Z JD0103009—2018《人体前庭、平衡功能检查评定规范》(2019 年 1 月 1 日)

SF/Z JD0103007—2014《外伤性癫痫鉴定实施规范》(2014 年 3 月 17 日)

SF/Z JD0103005—2014《周围神经损伤鉴定实施规范》（2014年3月17日）

SF/Z JD0103004—2016《视觉功能障碍法医学鉴定规范》（2016年9月22日）

SF/Z JD0103010—2018《法医临床学视觉电生理检查规范》（2019年1月1日）

SF/Z JD0103001—2010《听力障碍法医学鉴定规范》（2010年4月7日）

GB/T 37237—2018《男性性功能障碍法医学鉴定》（2019年4月1日）

SF/Z JD0103011—2018《男性生育功能障碍法医学鉴定》（2019年1月1日）

SF/T 0112—2021《法医临床影像学检验实施规范》（代替：SF/Z JD0103006—2014）（2021年11月17日）

SF/Z JD0103008—2015《人身损害后续诊疗项目评定指南》（2015年11月20日）

SF/T 0095—2021《人身损害与疾病因果关系判定指南》（2021年11月17日）

SF/T 0096—2021《肢体运动功能评定》（2021年11月17日）

SF/T 0097—2021《医疗损害司法鉴定指南》（2021年11月17月）

3. 法医精神病鉴定

SF/Z JD0104001—2011《精神障碍者司法鉴定精神检查规范》（2011年3月17日）

SF/Z JD0104002—2016《精神障碍者刑事责任能力评定指南》（2016年9月22日）

SF/Z JD0104005—2018《精神障碍者受审能力评定指南》（2019年1月1日）

SF/Z JD0104003—2016《精神障碍者服刑能力评定指南》（2016年9月22日）

SF/Z JD0104004—2018《精神障碍者民事行为能力评定指南》（2019年1月1日）

SF/T 0071—2020《精神障碍者性自我防卫能力评定指南》（2020 年 5 月 29 日）

SF/T 0101—2021《精神障碍者诉讼能力评定》（2021 年 11 月 17 日）

4. 法医物证鉴定

SF/T 0069—2020《法医物证鉴定实验室管理规范》（2020 年 5 月 29 日）

SF/T 0070—2020《染色体遗传标记高通量测序与法医学应用规范》（2020 年 5 月 29 日）

SF/Z JD0105012—2018《个体识别技术规范》（2019 年 1 月 1 日）

SF/Z JD0105011—2018《法医学 STR 基因座命名规范》（2019 年 1 月 1 日）

SF/Z JD0105010—2018《常染色体 STR 基因座的法医学参数计算规范》（2019 年 1 月 1 日）

SF/Z JD0105003—2015《法医 SNP 分型与应用规范》（2015 年 11 月 20 日）

SF/Z JD0105006—2018《法医物证鉴定 X‑STR 检验规范》（2019 年 1 月 1 日）

SF/Z JD0105007—2018《法医物证鉴定 Y‑STR 检验规范》（2019 年 1 月 1 日）

SF/Z JD0105008—2018《法医物证鉴定线粒体 DNA 检验规范》（2019 年 1 月 1 日）

SF/Z JD0105009—2018《法医物证鉴定标准品 DNA 使用与管理规范》（2019 年 1 月 1 日）

GB/T 37223—2018《亲权鉴定技术规范》（2019 年 4 月 1 日）

SF/Z JD0105004—2015《亲子鉴定文书规范》（2015 年 11 月 20 日）

SF/T 0117—2021《生物学全同胞关系鉴定技术规范》（代替：SF/Z JD0105002—2014）（2021 年 11 月 17 日）

SF/Z JD0105005—2015《生物学祖孙关系鉴定规范》（2015 年 11 月 20 日）

SF/T 0098—2021《大麻的法医学 STR 遗传标记检验要求》（2021 年 11 月 17 日）

5. 法医毒物鉴定

SF/T 0063—2020《法医毒物分析方法验证通则》（2020 年 5 月 29 日）

SF/T 0064—2020《血液中 188 种毒（药）物的气相色谱 – 高分辨质谱检验方法》（2020 年 5 月 29 日）

SF/T 0065—2020《毛发中二甲基色胺等 16 种色胺类新精神活性物质及其代谢物的液相色谱 – 串联质谱检验方法》（2020 年 5 月 29 日）

SF/T 0066—2020《生物检材中芬太尼等 31 种芬太尼类新精神活性物质及其代谢物的液相色谱 – 串联质谱检验方法》（2020 年 5 月 29 日）

SF/T 0113—2021《血液中氰化物的气相色谱 – 质谱和气相色谱检验方法》（代替：SF/Z JD0107002—2010）（2021 年 11 月 17 日）

SF/Z JD0107003—2010《血液、尿液中毒鼠强的测定气相色谱法》（2010 年 4 月 7 日）

SF/Z JD0107010—2011《血液中碳氧血红蛋白饱和度的测定分光光度法》（2011 年 3 月 17 日）

SF/Z JD0107019—2018《法医毒物有机质谱定性分析通则》（2019 年 1 月 1 日）

SF/Z JD0107012—2011《血液中铬、镉、砷、铊和铅的测定　电感耦合等离子体质谱法》（2011 年 3 月 17 日）

SF/Z JD0107013—2014《气相色谱 – 质谱联用法测定硫化氢中毒血液中的硫化物实施规范》（2014 年 3 月 17 日）

SF/T 0115—2021《血液中 45 种有毒生物碱的液相色谱 – 串联质谱检验方法》（代替：SF/Z JD0107015—2015）（2021 年 11 月 17 日）

SF/Z JD0107018—2018《血液中溴敌隆等 13 种抗凝血类杀鼠药的液相色谱 – 串联质谱检验方法》（2019 年 1 月 1 日）

SF/Z JD0107020—2018《血液中磷化氢及其代谢物的顶空气相色谱 – 质谱

检验方法》（2019 年 1 月 1 日）

SF/Z JD0107005—2016《血液、尿液中 238 种毒（药）物的检测 液相色谱－串联质谱法》（2016 年 9 月 22 日）

SF/Z JD0107014—2015《血液和尿液中 108 种毒（药）物的气相色谱－质谱检验方法》（2015 年 11 月 20 日）

GB/T 37272—2018《尿液中 △⁹－四氢大麻酸的测定 液相色谱－串联质谱法》（2019 年 4 月 1 日）

SF/Z JD0107024—2018《尿液、毛发中 S（+）－甲基苯丙胺、R（-）－甲基苯丙胺、S（+）－苯丙胺和 R（-）－苯丙胺的液相色谱－串联质谱检验方法》（2019 年 1 月 1 日）

SF/Z JD0107025—2018《毛发中 15 种毒品及代谢物的液相色谱－串联质谱检验方法》（2019 年 1 月 1 日）

SF/Z JD0107016—2015《毛发中可卡因及其代谢物苯甲酰爱康宁的液相色谱－串联质谱检验方法》（2015 年 11 月 20 日）

SF/Z JD0107022—2018《毛发中 △⁹－四氢大麻酚、大麻二酚和大麻酚的液相色谱－串联质谱检验方法》（2019 年 1 月 1 日）

SF/Z JD0107017—2015《生物检材中 32 种元素的测定 电感耦合等离子体质谱法》（2015 年 11 月 20 日）

SF/T 0116—2021《血液、尿液中苯丙胺类兴奋剂、哌替啶和氯胺酮的检验方法》（代替：SF/Z JD0107004—2016）（2021 年 11 月 17 日）

SF/T 0114—2021《生物检材中吗啡、O6－单乙酰吗啡和可待因的检验方法》（代替：SF/Z JD0107006—2010）》（2021 年 11 月 17 日）

SF/Z JD0107008—2010《生物检材中巴比妥类药物的测定 液相色谱－串联质谱法》（2010 年 4 月 7 日）

SF/Z JD0107009—2010《生物检材中乌头碱、新乌头碱和次乌头碱的 LC-MSMS 测定 液相色谱－串联质谱法》（2010 年 4 月 7 日）

SF/Z JD0107011—2011《生物检材中河豚毒素的测定 液相色谱－串联质

谱法》（2011 年 3 月 17 日）

SF/Z JD0107021—2018《生物检材中钩吻素子、钩吻素甲和钩吻素己的液相色谱 - 串联质谱检验方法》（2019 年 1 月 1 日）

SF/Z JD0107023—2018《生物检材中雷公藤甲素和雷公藤酯甲的液相色谱 - 串联质谱检验方法》（2019 年 1 月 1 日）

SF/T 0092—2021《血液中扑草净等 20 种除草剂的液相色谱 - 串联质谱检验方法》（2021 年 11 月 17 日）

SF/T 0093—2021《血液中卡西酮等 37 种卡西酮类新精神活性物质及其代谢物的液相色谱 - 串联质谱检验方法》（2021 年 11 月 17 日）

SF/T 0094—2021《毛发中 5F - MDMB - PICA 等 7 种合成大麻素类新精神活性物质的液相色谱 - 串联质谱检验方法》（2021 年 11 月 17 日）

6. 文书鉴定

GB/T 37234—2018《文件鉴定通用规范》（2019 年 4 月 1 日）

GB/T 37239—2018《笔迹鉴定技术规范》（2019 年 4 月 1 日）

GB/T 37231—2018《印章印文鉴定技术规范》（2019 年 4 月 1 日）

GB/T 37232—2018《印刷文件鉴定技术规范》（2019 年 4 月 1 日）

GB/T 37233—2018《文件制作时间鉴定技术规范》（2019 年 4 月 1 日）

GB/T 37238—2018《篡改（污损）文件鉴定技术规范》（2019 年 4 月 1 日）

GB/T 37236—2018《特种文件鉴定技术规范》（2019 年 4 月 1 日）

GB/T 37235—2018《文件材料鉴定技术规范》（2019 年 4 月 1 日）

SF/Z JD0201009.1—2014《藏文笔迹鉴定实施规范 第 1 部分：藏文笔迹特征的分类》（2014 年 3 月 17 日）

SF/Z JD0201009.2—2014《藏文笔迹鉴定实施规范 第 2 部分：〈藏文笔迹特征比对表〉的制作规范》（2014 年 3 月 17 日）

SF/Z JD0201009.3—2014《藏文笔迹鉴定实施规范 第 3 部分：藏文笔迹鉴定结论的种类及判断依据》（2014 年 3 月 17 日）

SF/Z JD0201009.4—2014《藏文笔迹鉴定实施规范 第4部分：藏文笔迹鉴定规程》（2014年3月17日）

SF/Z JD0201009.5—2014《藏文笔迹鉴定实施规范 第5部分：藏文签名鉴定规程》（2014年3月17日）

SF/Z JD0201014—2015《多光谱视频文件检验仪检验规程》（2015年11月20日）

SF/T 0102—2021《文件上可见指印形成过程鉴定技术规范》（2021年11月17日）

SF/T 0103—2021《文件相似性鉴定技术规范》（2021年11月17日）

7. 痕迹鉴定

SF/Z JD0202001—2015《文件上可见指印鉴定技术规范》（2015年11月20日）

8. 微量物证鉴定

SF/Z JD0203006—2018《微量物证鉴定通用规范》（2019年1月1日）

SF/Z JD0203007—2018《纤维物证鉴定规范》（2019年1月1日）

SF/Z JD0203008—2018《玻璃物证鉴定规范》（2019年1月1日）

SF/T 0118—2021《油漆物证鉴定规范》（代替：SF/Z JD0203001-2010）（2021年11月17日）

SF/Z JD0203002—2015《激光显微拉曼光谱法检验墨水》（2015年11月20日）

SF/Z JD0203003—2018《红外光谱法检验墨粉》（2019年1月1日）

SF/Z JD0203004—2018《书写墨迹中9种挥发性溶剂的检测 气相色谱-质谱法》（2019年1月1日）

SF/Z JD0203005—2018《书写墨迹中9种染料的检测 液相色谱-高分辨质谱法》（2019年1月1日）

SF/T 0079—2020《墨迹实时直接分析-高分辨质谱检验技术规范》（2020年5月29日）

SF/T 0080—2020《单根纤维的比对检验 激光显微拉曼光谱法》（2020年5月29日）

SF/T 0107—2021《塑料物证鉴定规范》（2021年11月17日）

SF/T 0108—2021《油漆检验 裂解－气相色谱/质谱法》（2021年11月17日）

9. 声像资料鉴定

SF/T 0119—2021《声像资料鉴定通用规范》（代替：SF/Z JD0300001－2010）（2021年11月17日）

SF/Z JD0300002—2015《音像制品同源性鉴定技术规范》（2015年11月20日）

SF/Z JD0300002—2018《数字声像资料提取与固定技术规范》（2019年1月1日）

SF/T 0120—2021《录音真实性鉴定技术规范》（部分代替：SF/Z JD0301001－2010）（2021年11月17日）

SF/T 0121—2021《录音内容辨听技术规范》（部分代替：SF/Z JD0301001－2010）（2021年11月17日）

SF/T 0122—2021《语音同一性鉴定技术规范》（部分代替：SF/Z JD0301001－2010）（2021年11月17日）

SF/Z JD0301002—2015《录音设备鉴定技术规范》（2015年11月20日）

SF/Z JD0301003—2015《录音资料处理技术规范》（2015年11月20日）

SF/Z JD0302001—2015《图像真实性鉴定技术规范》（2015年11月20日）

SF/Z JD0302002—2015《图像资料处理技术规范》（2015年11月20日）

SF/Z JD0302003—2018《数字图像修复技术规范》（2019年1月1日）

SF/Z JD0303001—2018《照相设备鉴定技术规范》（2019年1月1日）

SF/T 0123—2021《录像真实性鉴定技术规范》（部分代替：SF/Z JD0304001－2010）（2021年11月17日）

SF/T 0124—2021《录像过程分析技术规范》（部分代替：SF/Z JD0304001－2010）（2021 年 11 月 17 日）

SF/T 0125—2021《人像鉴定技术规范》（部分代替：SF/Z JD0304001－2010）（2021 年 11 月 17 日）

SF/T 0126—2021《物像鉴定技术规范》（部分代替：SF/Z JD0304001－2010）（2021 年 11 月 17 日）

SF/Z JD0304002—2018《录像设备鉴定技术规范》（2019 年 1 月 1 日）

SF/T 0078—2020《数字图像元数据检验技术规范》（2020 年 5 月 29 日）

SF/T 0106—2021《人像鉴定中人脸识别技术检验规范》（2021 年 11 月 17 日）

10. 电子数据鉴定

SF/Z JD0400001—2014《电子数据司法鉴定通用实施规范》（2014 年 3 月 17 日）

SF/Z JD0400002—2015《电子数据证据现场获取通用规范》（2015 年 11 月 20 日）

SF/Z JD0401001—2014《电子数据复制设备鉴定实施规范》（2014 年 3 月 17 日）

SF/Z JD0401002—2015《手机电子数据提取操作规范》（2015 年 11 月 20 日）

SF/Z JD0402001—2014《电子邮件鉴定实施规范》（2014 年 3 月 17 日）

SF/Z JD0402002—2015《数据库数据真实性鉴定规范》（2015 年 11 月 20 日）

SF/Z JD0402003—2015《即时通讯记录检验操作规范》（2015 年 11 月 20 日）

SF/Z JD0402004—2018《电子文档真实性鉴定技术规范》（2019 年 1 月 1 日）

SF/Z JD0403001—2014《软件相似性鉴定实施规范》（2014 年 3 月 17 日）

SF/Z JD0403002—2015《破坏性程序检验操作规范》（2015 年 11 月 20 日）

SF/Z JD0403003—2015《计算机系统用户操作行为检验规范》（2015 年 11 月 20 日）

SF/Z JD0403004—2018《软件功能鉴定技术规范》（2019 年 1 月 1 日）

SF/Z JD0404001—2018《伪基站检验操作规范》（2019 年 1 月 1 日）

SF/T 0075—2020《网络文学作品相似性检验技术规范》（2020 年 5 月 29 日）

SF/T 0076—2020《电子数据存证技术规范》（2020 年 5 月 29 日）

SF/T 0077—2020《汽车电子数据检验技术规范》（2020 年 5 月 29 日）

SF/T 0104—2021《银行卡侧录器鉴定技术规范》（2021 年 11 月 17 日）

SF/T 0105—2021《存储介质数据镜像技术规程》（2021 年 11 月 17 日）

11. 道路交通事故鉴定

SF/T 0072—2020《道路交通事故痕迹物证鉴定通用规范》（2020 年 5 月 29 日）

SF/T 0073—2020《基于视频图像的道路交通事故信号灯状态鉴定规范》（2020 年 5 月 29 日）

SF/Z JD0101001—2016《道路交通事故涉案者交通行为方式鉴定》（2016 年 9 月 22 日）

SF/Z JD0104004—2014《道路交通事故受伤人员精神伤残评定规范》（2014 年 3 月 17 日）

SF/T 0099—2021《道路交通设施安全技术状况鉴定规范》（2021 年 11 月 17 日）

SF/T 0100—2021《车辆火灾痕迹物证鉴定技术规范》（2021 年 11 月 17 日）

12. 环境损害鉴定

SF/T 0068—2020《环境损害致人身伤害司法鉴定技术导则》（2020 年 5

月 29 日）

SF/T 0074—2020《耕地和林地破坏司法鉴定技术规范》（2020 年 5 月 29 日）

SF/Z JD0601001—2014《农业环境污染事故司法鉴定经济损失估算实施规范》（2014 年 3 月 17 日）

SF/Z JD0606001—2018《农业环境污染损害司法鉴定操作技术规范》（2019 年 1 月 1 日）

SF/Z JD0606002—2018《农作物污染司法鉴定调查技术规范》（2019 年 1 月 1 日）

SF/T 0109—2021《环境损害司法鉴定中居住环境噪声的测量与评价》（2021 年 11 月 17 月）

四、案例分析①

（一）案情概要

在一起民事纠纷中，原告王涛诉称：2018 年 2 月 7 日被告向云承诺为其女儿介绍工作，收取介绍费 10 万元，约定如未办成将全数返还。因女儿工作至今毫无音讯，王涛遂起诉要求向云全额返还 10 万元，同时向法院提交收条原件 1 张。被告向云称：确曾为王涛的女儿介绍工作，收取过少许费用，但未收到过这笔 10 万元，也没有出具过任何收条。

经确认原告提交的收条及经质证的 6 份样本均为原件后，法院委托司法鉴定机构进行笔迹同一性鉴定。

---

① 本案例为模拟案例，如有雷同，纯属巧合。

鉴定材料

检材：无署期，署名为"向云"的收条1张。

样本1：向云于2018年1月5日书写的"例会记录"扫描图片1张。

样本 2：向云于 2018 年 4 月 3 日书写的"例会记录"扫描图片 1 张。

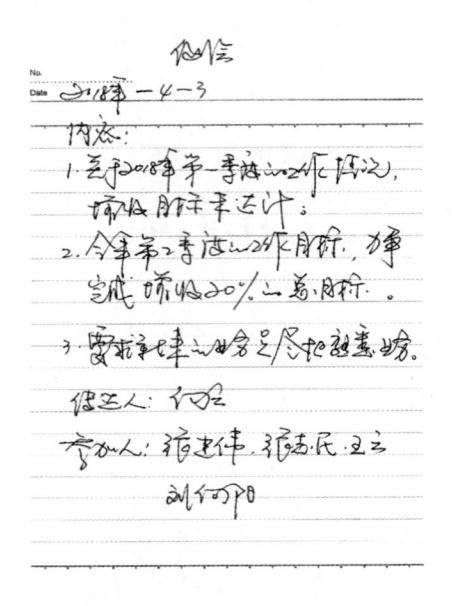

样本 3：向云填写的"个人基本情况"扫描图片 1 张。

第四章 刑事模拟法庭的举证质证 ◎ 155

样本 4：向云于 2019 年 4 月 1 日书写的"情况说明"扫描图片 1 张。

样本 5：向云于 2019 年 4 月 1 日书写的收条字迹实验样本扫描图片 1 张。

样本6：向云于2019年4月1日书写的本人签名实验样本扫描图片1张。

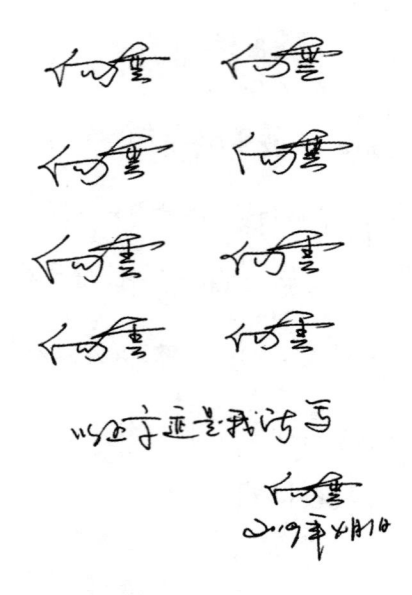

鉴定要求

检材收条上的内容字迹及落款签名是否出自向云的笔迹。

(二) 首次鉴定

××××××司法鉴定中心司法鉴定意见书

××司鉴中心 [××] 文鉴字第××号

1. 基本情况

委托人：×××人民法院

委托鉴定事项：

对无署期，署名为"向云"的收条上的内容字迹及落款签名是否出自向云的笔迹进行鉴定。

受理日期：××××年×月×日

鉴定材料：

检材：

由委托人提供的无署期，署名为"向云"的收条原件 1 张。（字迹标识为 JC，详见附件检材概貌照片）

样本：

（1）由委托人提供的向云于 2018 年 1 月 5 日书写的"例会记录"扫描图片 1 张。

（2）由委托人提供的向云于 2018 年 4 月 3 日书写的"例会记录"扫描图片 1 张。

（3）由委托人提供的向云填写的"个人基本情况"扫描图片 1 张。

（4）由委托人提供的向云于 2019 年 4 月 1 日书写的"情况说明"扫描图片 1 张。

（5）由委托人提供的向云于 2019 年 4 月 1 日书写的收条字迹实验样本扫描图片 1 张。

（6）由委托人提供的向云于 2019 年 4 月 1 日书写的本人签名实验样本扫描图片 1 张。

鉴定日期：××××年×月×日

鉴定地点：××××××司法鉴定中心

被鉴定人：向云

2. 检案摘要

据委托人介绍，在一起民事纠纷中，原告王涛诉称：2018 年 2 月 7 日被告向云承诺为其女儿介绍工作，收取介绍费 10 万元，约定如未办成将全数返还。因女儿工作至今毫无音讯，王涛遂起诉要求向云全额返还 10 万元，同时向法院提交收条原件 1 张。被告向云称：确曾为王涛的女儿介绍工作，收取过少许费用，但未收到过这笔 10 万元，也没有出具过任何收条。

经确认原告提交的收条及经质证的 6 份样本均为原件后，法院委托司法鉴定机构进行笔迹同一性鉴定。

3. 检验过程

依据《文件鉴定通用规范》(GB/T 37234-2018)、《笔迹鉴定技术规范》(GB/T 37239-2018)对本案检验如下:

经检验,检材(JC)为 A4 规格的纸张,页面整洁,通篇字迹为直接书写形成,笔画清晰,具备鉴定条件。经放大检验,发现 JC 字迹均为黑色墨水书写,运笔流利自然,书写速度较快,连笔程度较高。无伪装及摹仿等异常迹象,为正常书写字迹,具备鉴定条件。

JC 中数字"310108197408167751"较其他内容字迹整体向右上倾斜。其他内容字迹单字及笔画间的搭配比例合理,照应自然。落款签名字迹为一笔书写形成的组合连写签名。(即"艺术签名")

样本(YB1-YB6)均为直接书写形成,其中(YB1-YB3)为自然样本,样本(YB4-YB6)为实验样本。经放大检验,发现样本字迹均为黑色墨水书写,书写正常,运笔流利自然,连笔程度较高,笔迹特征稳定一致,能够稳定地反映书写人的书写动作习惯(如:样本多次出现的"我"、"作"、"未"、"女"、"为"、"收"、"王"、"向云"等字迹),具备比对条件。

将检材字迹(除落款艺术签名)与样本字迹进行比较检验,发现两者字迹的书写风貌、字形、写法等一般特征均有差异;字迹笔画的搭配位置及比例、起笔、收笔动作、连笔方式等细节特征亦有差异(见附件《笔迹特征比对表》)。

由于检材中落款艺术签名为非规范文字写法,属组合连写签名,样本字迹中无相对应的艺术签名,故无比对条件。

4. 分析说明

通过分别检验及比较检验,检材字迹(除落款艺术签名)与样本字迹之间存在足够数量的差异特征(如"我"字中"戈"的写法,"女"字的连笔方式,"工作"二字的写法及连笔方式,"职"字的笔画搭配位置,"向云"二字的字形及写法;阿拉伯书写"0"的封口位置,"8"字的写法,"5 和 6"字笔画的搭配位置等),且差异特征的价值充分反映了不同人的书写习惯。

5. 鉴定意见

（1）无署期，署名为"向云"收条上的内容字迹不是向云所写。

（2）无法判断收条上落款艺术签名是否向云所写。

附件：

1. 笔迹特征比对表

司法鉴定人：×××

执业证号：××××××××

司法鉴定人：×××

执业证号：××××××××

××××年×月×日

笔迹特征比对表

检材	样本
国企	国企
工作	工作 工作 工作 (YB1, YB2)
	工作 工作 工作 (YB4, YB5)
还还	还 不不 (YB1, YB5)
	还 (YB5)
为为	为 为 (YB4, YB5)
办、限	办 办理 (YB5)

笔迹特征比对表

检材	样本
收条	收 收 收 (YB1, YB2)
收	收 收条 (YB4, YB5)
	收 收条 (YB5)
王涛	王涛 王涛 (YB2, YB4, YB5)
何云	何云 何云 (YB1, YB2)
	何云 何云 (YB3, YB4)
	何云 何云 (YB5)

笔迹特征比对表

检材	样本
310108197408167251	310108197408167251 (YB5)
	4 5 (YB1)
	王 1998 1994 (YB3)

(三) 问题分析

该份鉴定意见程序合规，文书基本符合规范，但最终鉴定意见错误。

正确的鉴定意见为：

(1) 无署期，署名为"向云"收条上的文字内容字迹不是向云所写，但身份证号"310108197408167751"阿拉伯数字是向云本人所写。

(2) 无法判断收条上落款艺术签名是否向云所写。

在笔迹鉴定工作中，有时会遇到检材不同部分的笔迹分别由两名或者多名书写人书写的情况，而且委托单位送检时，提供的案件情况不是很详实。在这种情况下，如果鉴定人不能区分对待，全面、细致地分析检材笔迹，很可能作出错误地鉴定意见。

本案中，检材收条为两人书写，内容中的身份证号码和落款签名为被鉴定人向云所写，其中落款签名为艺术体签名；其他内容字迹为另一人所写，正常书写。由于检材落款签名为艺术体签名，样本字迹为行书体书写，两者的写法和书写模式有明显区别，在检材与样本不具有可比性地情况下，作出无法判断的鉴定意见符合技术规范规定。检材内容中是身份证号码为阿拉伯书写，且嵌于其他内容字迹之中，鉴定人不应想当然地认为内容字迹为一体而不加区分。

初次鉴定中，鉴定人在对检材笔迹的分析中，分析了检材笔迹书写正常，特征稳定，具备检验条件，且发现了阿拉伯数字整体向右上倾斜，与其余内容字迹之间存在差异，但很可惜，没有在此基础上进一步探究。针对检材内容字迹的比对检验中，选取的特征数量不充分，尤其是身份证号码阿拉伯数字的字行的倾斜、字间的局部安排等高价值符合特征并未选取。由于鉴定人对检材笔迹分析的不全面及选取特征的不充分，鉴定人未将检材上的身份证号码阿拉伯数字与其他内容字迹分别与样本进行比对检验，分别进行综合评断，从而得出了错误的鉴定意见。

162 ◎ 刑事模拟法庭

收条

我何云，身份证号：310108197408167251

收王涛拾万元，为其女办理入职国企工作，若未办成，如数返还。

[签名]

收条

我何云，身份证号：310108197408167251

收王涛拾万元，为其女办理入职国企工作，若未办成，如数返还。

[签名]

收条：

我何云，身份证号310108197408167251

收到王涛拾万元为其女办理入职国企工作 若未办成如数退还

何云

检材	样本
310108197408167251 JC 身份证号	1974.8.19 YB3 数字
	310108197408167251 YB5 数字

第五章

刑事模拟法庭的法庭辩论

Chapter 5

在庭审过程中，举证质证环节的结束就意味着法庭调查阶段的结束，法庭审理会继续进入法庭辩论阶段。

法庭辩论阶段是双方辩护意见的集中发表阶段，是考察双方将事实和法律适用相结合能力的阶段。可以说，法庭调查是法庭辩论的前提和基础，法庭辩论是法庭调查的发展和升华。① 法庭辩论是整个法庭审理过程中对抗最为激烈的环节，在整个司法审判的过程中都占有特殊、重要的地位，它不仅是法官获得案件信息、形成印象与判断的重要阶段，也是公诉人、辩护人及被告人直接向法官表达诉求和意见的重要环节，至关庭审效果的好坏、审判质量的优劣。在法庭辩论中也体现着程序正当、程序竞争、权力制衡、权利保护、自由与制约、效率与公平等司法理念。②

法庭辩论既是庭审活动中的"热点"，又是审理阶段的"重点"，还是审判过程中的"难点"。③ 因此无论是对公诉人还是辩护人来说，在仔细审阅案卷材料，分析案情，确定整体逻辑之后，在做好充足的事实证据和法律准备之后，尽力呈现一场精彩的法庭辩论都是有必要的。

在模拟法庭比赛中，法庭辩论阶段的质量是决定一场比赛精彩程度的关键，双方选手必须在该阶段着重论证对于对方提出的与案件有关的事实、法律、程序等方面的具体反驳意见，通过短时间内语言的高效输出让法官快速认同己方观点，该阶段的着眼点主要要落在案件事实情况及证据与法律适用的结合之上，不能仅仅依赖于演讲式的主观情绪渲染。④

法庭辩论阶段的表现也是双方选手法律基础知识、实践运用能力、语言

---

① 参见汤维建、张明哲：《我国民事诉讼法庭调查与法庭辩论二阶结构的合理化分析》，载《人民司法》2022年第4期。

② 参见廖森林：《司法文明建设下的民事庭审发言和辩论规则研究》，载《中国政法大学学报》2021年第4期。

③ 参见赵全洲：《如何把握好法庭辩论》，载《人民司法》1989年第8期。

④ 参见罗国强：《国际模拟法庭竞赛训练的阶段、方法与技巧》，载《人民法治》2018年第16期。

表达能力和临场反应能力的最直接体现,法庭辩论阶段的表现会成为比赛最终本方分数及选手个人分数评定的重要依据,是参赛选手专业素能和综合素养能够得到集中展示的环节,要求选手具备较强的说理能力、反应能力和说理技巧,应当注意全面性、重点性和技巧性。[1]

从比赛时间安排来看,法庭辩论阶段也是模拟法庭比赛中为数不多的能让参赛选手进行大段发言的机会,是对对方观点进行最直接驳斥的时刻。通常来讲,在一般的模拟法庭竞赛中,法庭辩论的时间可以达到每方15—20分钟之久,因此,其重要性不可忽视。

第一节 法庭辩论的概念及意义

一、法庭辩论的概念

"辩论"是指"彼此用一定的理由来说明自己对事物或问题的见解,揭露对方的矛盾,以便最后得到正确的认识或共同的意见"[2],从广泛的意义上来讲,辩论是人类文明的基本元素之一,它使得人类社会能够产生有价值的决定。[3]"法庭辩论"是庭审的重要环节之一,是指各诉讼参与人在法庭上所进行的发表自己见解、揭露对方矛盾的活动。这属于广义上的法庭辩论,本章所讨论的"法庭辩论"仅仅限于刑事庭审中的"法庭辩论阶段"。

考虑到法庭辩论的最终目的是说服法庭,故本章将"法庭辩论"界定为:在法庭辩论阶段,各诉讼参与人就案件事实与法律规定发表见解,揭露对方的矛盾,以让法庭接受本方观点的活动。

从程序安排上看,法庭辩论环节置于法庭调查环节之后,所以法庭辩论

---

[1] 参见庞良文、王占寻:《公诉人出庭策略和技巧》,载《人民检察》2017年第6期。
[2] 中国社会科学院语言研究所词典编辑室编:《现代汉语词典》(第7版),商务印书馆2016年版,第83页。
[3] 参见[美]亨利·罗伯特:《罗伯特议事规则》,袁天鹏、孙涤译,格致出版社、上海人民出版社2015年版,第271页。

的内容必然是针对法庭调查中已经查明的、尚存在争议的以及遗漏的事实认定和法律适用方面的内容进行辩论及梳理。所以，法庭辩论具有即兴性和不确定性。

从形式上看，法庭辩论是在法官的主持下，双方当事人各自陈述己方的观点，驳斥对方的观点，相互进行言辞辩论的诉讼活动。所以，法庭辩论具有交互性和对抗性。[①]

正是基于法庭辩论的这些特征，可以说法庭辩论是模拟法庭比赛过程中最具有真实庭审特色的环节，是对抗最为激烈精彩的环节，也是最考验参赛选手综合能力的环节。

需要注意的是，司法实践中可以参与的法庭辩论的主体不仅仅限于公诉人、被告人及其辩护人。但是考虑到模拟法庭比赛赛制规定的局限性，本章讨论的法庭辩论主体限于公诉人、被告人及其辩护人，其中主要以公诉人和辩护人为主。

二、法庭辩论的意义

如前文所述，法庭辩论是在法庭调查基础上展开的对案件事实、法律适用的综合发言，是双方实现指控和辩护职责的最为重要的途径，其意义和重要性显然不言而喻。

第一，法庭辩论阶段发表的意见是体现控辩双方对案件事实认识和分析的重要载体。如前文所述，控辩双方虽然在法庭调查中质证阶段也会有论辩交锋，但主要集中于对单个证据的证据能力和证明力的争议，毕竟法庭调查环节的关键目的还是在于对证据本身合法性、真实性及关联性的探讨和对案件事实情况的还原，双方的意见交锋并非重点。而法庭辩论则属于大规模的"遭遇战"，两者在辩论层面的重要性显然不能相提并论。

第二，法庭辩论意见是体现控辩双方对法律理解与适用的重要载体。

[①] 参见念海龙：《法庭辩论的准备与技巧》，载微信公众号"iCourt 法秀"，https：//mp.weixin.qq.com/s/Imz7iSjKvkyaz3wZCKx8iQ，2022 年 5 月 22 日。

"以事实为根据,以法律为准绳"才能得出恰如其分的结论,如果说对"事实"部分的还原和确认是交由法庭调查阶段完成的,那么,控辩双方对"法律"部分的认识、理解和适用则是在法庭辩论阶段才真正登场的,本阶段也是整个庭审过程中法律考量最全面、彻底的部分。而且,法庭辩论阶段的发言不仅能够体现双方对法律的认识和理解,还要求双方将对法律的认识、理解与本案的证据相结合,寻找对方观点的漏洞之后迅速反应,进行反驳,最终得出有利于本方的结论。

第三,法庭辩论阶段的表现是体现控辩双方选手风采的重要载体。如下文所述,成功的法庭辩论是"水到渠成"式的法庭辩论,因此,法庭调查阶段的发问、举证质证均是法庭辩论的基础,为法庭辩论服务,法庭辩论是对法庭调查的总结和升华。法庭辩论,尤其是第二轮的分焦点辩论综合体现了控辩双方对案件证据的把握、对法律适用的理解以及选手个人的临场应变能力和法学素养。从某种意义上说,优秀的公诉人和律师是经由一场一场的法庭辩论历练而来的,没有扎实的法律功底、优秀的口头表达能力、敏锐的观察能力、良好的反应能力,就难以获得良好的辩论效果。

同时,需要特别注意的是,模拟法庭比赛与司法实践中的真实庭审是有所区别的。[①] 在真实庭审中,开庭的时间并没有明确的限制,无论是法庭调查还是法庭辩论阶段,出于厘清案件事实、明确法律适用的考虑,法庭都不会要求整个法庭调查或法庭辩论阶段必须在多长时间以内结束,而是会根据案件情况,在把握整体节奏的情况下进行必要的引导,如果法庭辩论阶段并没有达到效果,就可以一直进行下去。在实践中,正是因为有可能出现因为案件情况复杂,开庭之后法庭调查或法庭辩论阶段耗时太久却仍未解决问题的情况,同一个案件进行多次开庭的情况也时有发生。

但对于模拟法庭比赛而言,组委会往往会明确规定每个环节所需的时间,保证控辩双方陈述观点或反驳对方观点的时间一致,有部分比赛还会对控辩

---

① 参见罗国强:《国际模拟法庭竞赛训练的阶段、方法与技巧》,载《人民法治》2018 年第 16 期。

双方分别发表公诉意见概要、辩护意见概要及总结的具体时长和顺序有所规定。这样的区别主要是因为二者的本质目的有所不同，司法实践中的庭审目的是解决纠纷，而模拟法庭比赛的目的则是锻炼选手的实践能力。

因此，赛题设置也会综合考量双方情况，保持最大限度的均衡，维持比赛的公正性。也即每一方都必然可以在赛题案卷中找到对己方有利的事实证据和对己方不利的事实证据，会通过使用诉讼技巧增加己方观点的可信程度，纵然有时选手明知按照案件事实来讲，自己一方是有过错的，但在法庭上，他们也必然会尽力回避与否认这一点，减轻由此带来的不利后果，[1] 这些技巧也是法官对选手表现进行评分的关键影响因素。通常，作为裁判的法官无须在最后以双方的观点为证据评判出是非曲直，而只需审视选手在辩论中的表现并给予评分。这就意味着，模拟法庭比赛中的法庭辩论环节必须选取最有说服力的论证，并在有限的时间内将其展示出来。

但同时，在比赛中选手也不能一厢情愿地直接避开对己方不利的内容，因为对方会专门就这些内容进行提问或攻击，而选手必须尽量从法律的角度来论证己方的观点、维护己方的立场，即便有关的事实对己不利、有关的论证不可能完全令人信服，也要尽力向法官展示自己对案件的熟悉、法学基础的扎实和对相关法律运用的熟练程度。

第二节　法庭辩论的基本原则

在法庭辩论的准备过程中，熟悉案情并分析出案情要点是首要的一步。一般来讲，一个案件所涉及的方方面面的内容和信息很多，但是其实真正能对案件的解决起着关键作用的，也就仅仅是几个要点而已，其余的案件事实信息都只能起到辅助判断的作用，并不能对案件的核心造成直接影响。因此，

---

[1] 参见胡传胜：《安提丰〈四联辞〉与古希腊的法庭辩论术》，载《南京社会科学》2019 年第 11 期。

在准备法庭辩论的过程中，我们就需要在全面了解并熟悉案情信息的基础上，去粗取精，甄别出案情的关键要点并予以重点对待，集中主要力量解决主要矛盾，对关键要点的事实情况、已查明信息、存在的争议、法律规定及相关法学基础理论进行细致的检索和准备，做到对关键要点准备完善、了然于胸。而对其他案情信息，则需要作一般性的、背景性的了解，保证同样熟悉，且能够在适当的时候发挥其对案件的辅助作用即可。

如此一来，就可以做到化繁为简，对案情作出迅速而深刻的把握；也可以以点带面，在短期内得出对案件比较系统的理解；还可以明确主攻方向，在模拟法庭比赛准备的过程中把有限的精力集中到几个要点之上，并全力突破。①

在司法实践中，"以事实为根据，以法律为准绳"贯穿于整个庭审全过程中，是法官、公诉人、辩护人等必须遵循的基本原则，具体到法庭辩论阶段而言，出于更好地实现庭审目的、提高庭审效率的考量，还有如下具体原则应当遵循。

一、与法庭调查呼应原则

如前文所述，法庭审理主要由法庭调查阶段和法庭辩论阶段组成，前者由发问和举证质证环节组成，主要职责是为了确定案件的基本事实，《最高人民法院关于适用〈中华人民共和国刑事诉讼法〉的解释》第 280 条规定："合议庭认为案件事实已经调查清楚的，应当由审判长宣布法庭调查结束，开始就定罪、量刑、涉案财物处理的事实、证据、适用法律等问题进行法庭辩论。"由此可见，该条确定的法庭辩论条件是在前序的法庭调查阶段"案件事实已经调查清楚"，而法庭辩论阶段则需要包括对"定罪、量刑、涉案财物处理的事实、证据、适用法律"几个方面的争议焦点展开的辩论，两者之间存在着密切关系。

---

① 参见罗国强：《国际模拟法庭竞赛训练的阶段、方法与技巧》，载《人民法治》2018 年第 16 期。

笔者认为，法庭调查与法庭辩论并非完全独立的环节，其间有着千丝万缕的联系，法庭调查是法庭辩论的基础，法庭辩论是法庭调查的升华，两者应相互联系，前后呼应。①

在法庭调查阶段，当事人依次陈述并进行举证质证，其中展现的事实和证据可能冗长、复杂，在疑难复杂的案件中更是如此，真实庭审中，因为证据过多提前进行证据交换或多次开庭的情况经常发生，在模拟法庭比赛中也经常出现公诉方在举证时需要罗列几十份证据的情况。尽管如此，双方在法庭辩论过程中发表的与案件事实、证据有关的所有内容，也均应该在法庭调查阶段有所体现。尤其是对于公诉方来说，切不可在模拟法庭比赛中，出于节约时间或突出部分重点证据的考量，忽略了部分案件事实在法庭调查阶段的论辩——并未在法庭调查阶段出示的证据是不能在法庭辩论阶段进行使用的。

换言之，法庭辩论阶段所发表的每一句观点都应当有法庭调查阶段检验过的证据支撑，否则一切高超的技巧、精彩的论述就都成了无本之木、无源之水。从这个意义上而言，成功的法庭辩论一定是"水到渠成式"的辩护。法官以及旁听群众在法庭调查阶段结束时，应当既能明晰公诉人的主要定罪思路，也能了解辩护人的主要辩护观点或提出的合理怀疑所在。如果实现了这一目标，就是一场成功的法庭辩论，一场成功的庭审。

法庭辩论阶段的发言如果缺乏证据支撑，或许能够给法官在某些问题上以提示，但这种提示是缺乏事实证据支撑的，法官必然会在庭后确定该发言所依赖基础事实的真实性、合法性和关联性。例如，辩护人在法庭辩论中，认为案卷中的鉴定意见结论不合常理，但在之前的质证环节并未提出这一点，就此而言，这一辩护意见对案件的最终处理可能会起到关键作用，但从庭审的角度看，出现了如此关键证据未在法庭调查阶段经过质证的情况，并不能被评价为成功的庭审。

---

① 参见周峰：《法庭辩论，法官说这样更简洁高效!》，载微信公众号"上海一中法院"，https://mp.weixin.qq.com/s/MPUYbPGimF1xo2EmTHRuXw，2022年7月19日。

在模拟法庭比赛的赛场上，这样的发言可能在一时之间给对方和评委以一定的刺激，但是对方选手在比赛进行过程中或结束之后，同样可能提出异议，以某份证据未出示但使用在了法庭辩论阶段为理由，主张"证据突袭"，组委会会依据比赛规则进行扣分等处理。①

正是基于这个原因，本书在之前才特意强调在模拟法庭比赛时各参赛文书的制作顺序，如不按照顺序撰写文书，就难以实现这两个阶段的前后呼应，会影响比赛中己方观点的整体性。因为一场模拟法庭比赛的备赛时间甚至可能会持续一个月以上，在这段时间里，己方的整体思路和具体观点可能会多次变化，如果不按照特定顺序准备文书，很可能会出现观点变化之后文书并未修改的情况，这是比赛准备过程中的大忌。

也正是基于保证法庭调查环节要审查全部证据的考量，《最高人民法院关于适用〈中华人民共和国刑事诉讼法〉的解释》第286条规定："法庭辩论过程中，合议庭发现与定罪、量刑有关的新的事实，有必要调查的，审判长可以宣布恢复法庭调查，在对新的事实调查后，继续法庭辩论。"第288条规定："被告人在最后陈述中提出新的事实、证据，合议庭认为可能影响正确裁判的，应当恢复法庭调查；被告人提出新的辩解理由，合议庭认为可能影响正确裁判的，应当恢复法庭辩论。"这些规定明确了如果在法庭调查环节结束之后，在证据事实方面仍存在争议，法官有恢复法庭调查的权力。

而在过往的模拟法庭比赛当中，笔者也曾经遇到过作为法官的评委老师，在法庭辩论阶段因认为法庭调查的效果并不理想，决定再给控辩双方各五分钟的时间，回到法庭调查阶段，继续对案件事实进行论辩的情况。尽管这样的情形并不常见，事实上也不符合组委会赛制规定，但是模拟法庭比赛中难免会出现这样的突发情况，作为参赛选手，我们也难以提前预判评委老师是否会根据比赛当时的具体情况临时更改流程或突然提问。这也对参赛选手提出了更高的要求，要求我们一定要时刻注意法庭辩论阶段与法庭调查的衔接

---

① 当然，部分比赛由于赛制及规则不同，可能会出于比赛现场可看性或精彩性的考虑，不对这样的证据突袭进行处理，此时的具体操作需要根据具体比赛的规则不同酌情处理。

问题，要有较强的突发情况应对能力，不能过于死板，一味照本宣科、不做变化。

二、口头表达原则

如前文所述，法庭辩论阶段的表现体现了控辩双方对案件事实、证据和法律适用的综合认识和理解，无论法庭调查阶段实质上会起到多么重大的作用，社会公众和评委的重心不可避免地还是会主要放在更能吸引人眼球的法庭辩论阶段。毕竟这一阶段具有更强的对抗性，也是最能连接案件事实情况与法律适用的阶段，除此之外，还能够集中考察选手的口头表达能力、概括归纳能力、逻辑推演能力和随机应变能力。

显然，照本宣科是无法真实体现公诉人和辩护人的上述综合能力的，尽管在比赛的准备阶段确实会形成不少经过多次打磨的发言稿件，但是法庭辩论阶段变化多、推进快，除公诉及辩护意见概要确实需要宣读以外，其他时候的发言如果一味依赖提前准备好的稿件，势必难以对比赛过程中对方提出的新论点、新解释进行有针对性的回应，会大大影响法庭辩论阶段的对抗性效果，也会影响评委对选手的评分。

基于此，无论是公诉人还是辩护人在庭审前都只能确定法庭辩论的大纲，因为在庭前准备阶段，任何人都无法全面预料法庭调查阶段会出现何种新情况，面临何种新问题。待法庭调查阶段结束之后，整个案件事实、证据均已展现完毕，此时法庭辩论的基础才是完全奠定的，显然只有在此基础上所作的法庭辩论才是最全面的，庭前准备的稿件难以完全适应新情况，在这种情况下，如果照本宣科，不仅难以实现与法庭调查阶段相呼应这一原则，而且难以取得良好的庭审效果。因此，要实现更好的辩论效果，实现说服法官的目的，在法庭辩论阶段就必须尽量做到脱稿发言。

当然，提出这样的要求并不是弱化庭前法庭辩论阶段准备工作的重要作用，如果因为担心直接宣读稿件过于死板，就在法庭辩论阶段选择毫无准备直接上场，就很有可能出现因临场紧张、出现了难以解决的新问题等原因，无法在辩论阶段展示赛前准备的全部成果，也难以表现选手的个人能力，很难得到良好效果。

因此，无论是公诉人还是辩护人，在备赛阶段都需要提前根据己方思路和观点确定法庭辩论的大纲，提前预判可能存在的争议焦点，在保证对己方论点烂熟于心的前提下，分焦点准备在法庭辩论阶段可能起作用的部分发言稿件，并对对方可能提出的观点和反驳做好预判，适当准备好回应的方向。之后，再在法庭调查阶段针对出现的新情况、面临的新问题随时调整准备好的稿件和整体大纲，最后，再用脱稿讲述的方式向评委展示，如此才有可能展示兼具逻辑性与针对性的法庭辩论。

在模拟法庭比赛中，在法庭辩论阶段，选手如果能够做到脱稿表达、能够针对对方的质疑临时组织语言向法庭展示观点，会是极大的加分项。因此，选手应当在准备模拟法庭比赛的最初就注意锻炼脱稿表达的能力，加强反应能力的训练，即使是面对提前准备过的争议焦点也不应直接宣读稿件，而应尽量以脱稿的方式，将提前准备好的材料与比赛当时的具体情况结合并作出调整，最后再向评委予以呈现。只有在涉及数字、专业术语、具体法律条文时再选择宣读准备好的书面材料。

三、围绕争议焦点原则

在经过公诉方及辩护方分别宣读公诉及辩护意见概要之后，法官会根据法庭调查阶段的开展情况及双方的意见概要，总结本案的争议焦点，之后再由双方针对不同的争议焦点，交替发言，达到厘清案件事实和法律问题的作用。以争议焦点为主线展开辩论，有利于划清审判脉络，保证法庭辩论环节更加高效有序。法庭辩论的时间有限且气氛紧张，一旦法官确定了辩论焦点，双方就应当紧紧围绕辩论焦点进行辩论。

一方面，针对不同争议焦点进行分焦点辩论可以让双方选手在辩论中做到有的放矢，避免抓不住核心，重复或赘述案件事实，或通过语言的技巧回避争议焦点，影响法官的判断。另一方面，分焦点辩论可以减轻评委的评判负担，让评委可以有效把握比赛的进程，提高法庭辩论的实际效率。可以说，准确归纳争议焦点并引导双方选手围绕争议焦点展开辩论是高效开展法庭辩论的核心。

但是由于法庭辩论带有极强的随机性和临时性，如果庭前准备不充分或选手缺乏临场应变能力，就可能出现无法针对争议焦点发表有实质性意义的辩论意见的情况。此时为了避免尴尬，选手就可能选择阐述一些无关争议焦点的意见来为自己或队友拖延时间。有些选手可能会将争议焦点涉及的问题进行不必要的延伸，花费很长时间讲述已经明确的案件事实情况，但这些事实情况其实并不存在争议。当难以回应对方观点时，选手也可能出现重复性发言的情况，基于庭审效率的要求，这样的重复应当尽量避免。通过重复和强调来增强其辩论观点的说服力的意图并不会实现，本质上属于偏离辩论主题、浪费己方时间。①

在模拟法庭案件中的争议焦点包括关于事实的争议焦点和关于法律的争议焦点。前者指涉案证据的认定、相关法律事实是否存在及真伪的争议，与法庭调查阶段的联系较为紧密，但是囿于模拟法庭比赛的实际情况限制，关于事实的争议焦点辩论往往不是比赛的重点，双方选手必然会分别演绎出更符合己方观点的事实，因此这种类型的争议往往不会像真实庭审那样，有明确的结论，只能在双方分别发表观点之后，再由法官进行判断。甚至在部分比赛中，由于时间限制，法官和参赛选手都会选择跳过事实部分的争议焦点辩论。而关于法律的争议焦点系双方就案件适用的法律法规所产生的争议，是模拟法庭比赛中的真正重点。双方选手会针对罪名的构成要件、是否存在特殊情形等问题，结合案件的具体情况发表意见，对被告人行为的定性、量刑等关键问题进行法律探讨。

---

① 参见廖森林：《司法文明建设下的民事庭审发言和辩论规则研究》，载《中国政法大学学报》2021年第4期。

四、重点突出原则

无论是在真实庭审中，还是模拟法庭的赛场上，法庭辩论阶段因其特殊的即兴性、对抗性，往往都是整个庭审过程中最容易受到关注的部分。因此部分选手在法庭辩论阶段很容易陷入过于注重用华丽的辞藻来展示自己才华的误区，一味追求大段精彩的论述，而忽略了自己发言的实际意义和效果。

当然不是说适当的抒情、升华不可取，相反，尤其是在模拟法庭的赛场上，如果能在恰当的时候不只关注案件事实与法律适用，忘掉法言法语，用真情实感让人感同身受，可能会得到非常好的效果。但是，控辩双方进行法庭辩论的根本目的是使自己的观点能够被接受，而不是单纯地炫耀自己出众的口才。[1] 因此，我们一定要注意把握"尺度"，在法庭辩论的过程中分清主次、突出重点，合理分配时间，才能得到更好的效果。

需要特别注意的是，在模拟法庭比赛中，法庭辩论阶段必定会有明确的时间限制，这就要求参与者一定要注意合理分配时间，在适当的时候学会扬长避短，必要的时候可以选择放弃部分对己方不利的"战场"，以追求法庭辩论阶段整体的优势。

从比赛规则的角度来看，部分比赛会将整个庭审的每个部分严格限制时间，在法庭辩论阶段中，会将公诉人、辩护人宣读公诉或辩护意见概要、分焦点辩论及进行辩论小结的时间都进行严格规定，此时选手只需要严格按照时间要求发表观点即可。而部分比赛会给予参赛选手更高的自由度，只会规定法庭辩论阶段双方的整体用时，不会对具体环节的时间安排加以限制，此时就要求选手自己划分辩论的阶段，注意留出辩论小结的时间。

在部分比赛中，法官在公诉方及辩护方分别宣读意见概要，并归纳争议焦点之后，在分焦点辩论阶段会选择直接将舞台交给选手，不会承担与真实庭审中法官一致的对法庭辩论进行引导、安排的职责。此时，如果双方选手

---

[1] 参见田文昌：《法庭辩论技巧》，载微信公众号"京都律师"，https：//mp. weixin. qq. com/s/2ZCzLJR_ Lm0AhkoynAG_ bg，2022 年 3 月 10 日。

都没有良好的时间安排能力，就可能出现在细枝末节的辩论上浪费过多时间，而部分重点争议焦点尚未开始辩论，双方就都无时可用的情形。

站在选手的角度来看，当顺序在先的争议焦点对己方不利时，如果在此处的辩论中被优势方牵着鼻子走，耗费过多时间却仍然没有扳回一城，反而影响了后续优势"战场"的发挥就非常不划算，因此，在适当的时候掌握法庭辩论的节奏，当法官不做安排时主动根据争议焦点的情况合理分配时间，选择性地放弃部分非重点且对己方不利争议内容，在几乎"无话可说"的时候主动转移"战场"是有必要的。当然，站在对手的角度，当遇到自己的优势论点时，也一定要抓住机会，重创对手。

可以说，法庭辩论阶段在考验选手的语言表达能力及临场反应能力的同时，也在考察选手的统筹安排能力，能否在辩论过程中突出重点，尽可能多地向评委传达有效信息是在比赛中能否获得高分的关键所在。

五、对象明确原则

在法庭辩论时，注意说服的对象也非常重要。与真实庭审情况一致的是，在模拟法庭中，虽说是在与对方参赛选手直接进行辩论和碰撞，但是永远不可能做到说服对手，先天立场的不同就直接决定了这一点，无论付出再多的努力都无法改变这一点。

因此，一切发言的目标都是说服法官（即裁判），因为法官才是决定比赛最终结果的人。所以，与对手之间保持针锋相对、剑拔弩张的氛围其实完全没有必要，在整个辩论的过程中都应当是晓之以理，动之以情，言之有据，而并不一定要努力攻击对方。在法庭辩论中，一定要充分考虑法官在意什么，切不可为了"攻击"对方当事人而辩。有时，选手只是沾沾自喜于把对方打败了，把对方驳得在庭上无话可讲了。要知道这一点是远远不够的，重要的是结果怎么样，法官是不是理解了、采纳了。[①]

[①] 参见田文昌：《法庭辩论技巧》，载微信公众号"京都律师"，https：//mp. weixin. qq. com/s/2ZCzLJR_ Lm0AhkoynAG_ bg，2022 年 3 月 10 日。

因此，在法庭辩论的过程中，一定要注意在针锋相对的氛围中保持冷静的头脑，明确整个发言过程中的说服对象，努力得到法官的认可，尽力让法官聆听己方的意见，这利于法官更加精准地理解案件事实和法律适用，也避免法官对案件情况有先入为主的偏颇观念，认为自己的观点和立场才是公允的。这样才能发挥法庭辩论的最佳作用。[①]

第三节 法庭辩论的流程及表现形式

一、法庭辩论流程安排

在真实庭审和模拟法庭比赛中，法庭辩论的基本流程都是一致的，主要有公诉或辩护意见的发表、法官总结争议焦点并询问当事人意见、分焦点辩论及辩论总结几个阶段。但是，在实际庭审中，由于每个案件的具体情况不同，法官会适当对流程进行调整或删减，本书主要针对模拟法庭比赛中的法庭辩论流程安排进行介绍。

（一）公诉或辩护意见的发表

在模拟法庭比赛中，法官宣布法庭辩论环节开始之后，就会要求公诉人与辩护人分别发表公诉或辩护意见概要，这一阶段通常会给双方各自2—3分钟的时间。这是整个法庭辩论阶段的开始，也奠定了后续法庭辩论的整体走向。选手需要在公诉或辩护意见概要当中简要、明确地向法官阐明己方的逻辑和观点，是法官对双方法律意见的最初印象，也会直接关系到后续法官对争议焦点的总结。

一般来说，公诉意见概要会与起诉书有较高的关联性，主要需讲明公诉方的定罪思路和被告人构成犯罪的原因，这部分内容是可以在备赛阶段提前

[①] 参见［美］尼尔·布朗、斯图尔特·基利：《学会提问》（原书第10版），吴礼敬译，机械工业出版社2013年版，第17页。

准备好的，但是一定要注意不能不做思考地直接宣读，而要根据法庭调查阶段辩护方的辩护思路和可能的攻击重点及时作出调整，公诉意见概要要起到引导法庭辩论阶段节奏和走向的作用。

对辩护方来讲，同样要注意结合庭前准备与法庭调查的情况，一定要在法庭调查及公诉人宣读的公诉意见概要中确定指控思路，找到攻击的重点突破口，并在辩护意见概要中予以体现，方便法官归纳出明确的争议焦点。

(二) 归纳争议焦点及分焦点辩论

法官在听取控辩双方发表的意见概要之后，经过商议，会对本案的争议焦点进行归纳，并在询问双方选手的意见后最终确定，控辩双方需要根据焦点分别进行辩论，这一阶段的规定时间通常是双方各15分钟左右。此时，选手需要仔细听取并记录法官的归纳，如有问题或建议一定要马上提出。由于担任法官的评委往往不会如选手一样对案件的具体情况了如指掌，其焦点归纳有时会存在并不全面的问题，此时就需要选手迅速作出反应，建议法官进行调整，只有准确的争议焦点归纳才能保证法庭辩论的顺利进行。

确定争议焦点之后，双方可以分焦点交替向法官发表辩论意见。这一环节是整个法庭辩论阶段的核心和重点，选手一定要注意按照法官的要求，紧紧围绕不同的争议焦点分别展开论述和反驳，千万不要出现模糊争议焦点的情况，否则会影响辩论的正常推进，也会影响法官对选手的评判。

在分焦点辩论的过程中，一定要注意突出重点、随机应对，当意识到对方选手的质疑或反驳已经导致双方的辩论明显偏离焦点时，就一定要掌控辩论节奏，在适当的时候转移战场，回到应当注意的焦点之上，避免"越辩越偏"的情况发生。当然，如果该焦点问题在辩论中的走向明显会对己方不利，那么选手也可以选择运用辩论技巧，引导辩论走向别的方向以让己方处于优势地位。

需要注意的是，在正式的模拟法庭比赛中，部分法官会在分焦点辩论阶段起到控制、引导的作用，在一个争议焦点基本讲述清楚之后安排进入下一争议焦点,但有部分法官会选择在这一阶段尽量少参与,也不会主动改变争议焦点,而是将掌握辩论阶段安排及走向的权利完全交给了控辩双方选手。这就要求控辩双方的选手在激烈辩论之余,也要注意时间安排,一定要保证所有焦点相关的意见都有时间发表,避免出现时间已到,但是意见未表达完毕的情况。

总体而言,分焦点辩论是模拟法庭比赛的关键,在备赛阶段,参赛队伍就应当做好辩论预测,提前分焦点准备好辩论意见提纲及回应方向,可以在队内多次安排模拟,让参赛选手对各个焦点在辩论过程中可能出现的问题有所预期,这才能保证在比赛中有更优秀的表现。在比赛过程中,选手要注意聆听法官、对手的观点,随时调整辩论提纲,结合庭前准备和庭上具体情况,发表最适宜的辩论意见。只有这样,才能在这一阶段做到游刃有余,取得更好的效果。

(三) 辩论总结

辩论总结环节是整个模拟法庭比赛中公诉人及辩护人最后一次开口的机会,通常有2—5分钟的时间。在辩论总结中,公诉人和辩护人需要根据庭审进行的情况,对法庭调查、法庭辩论的全部内容进行总结,对对方观点的漏洞进行最后一次攻击,并再次向法官强调己方的核心观点。

在这一环节,选手一定不能纠结于细枝末节,要在极其有限的时间内尽可能高效地让法官接受己方的观点,排斥对方的观点。在适当的情况下,可以考虑运用排比、比喻、反问等修辞手法,增强语言的力量,吸引法官的注意,也可以通过情感升华等手段,达到争取法官支持的效果。

需要注意的是,在真正的比赛中,由于主办方选择的规则各有不同,有可能会出现在开庭程序的规定中没有单独列明辩论总结的情况,此时如果法官并未注意,可能就会在分焦点辩论之后直接进入最后的被告人陈述环节,或者将辩论总结所需要的时间与分焦点辩论合并在一起。但是,辩论总结在整个比赛过程中是公诉人与辩护人的最后一次发言机会,其重要性不言而喻,如果不进行该环节的陈述，可能会让法官有本场比赛"虎头蛇尾"，没有恰当结尾的感觉，进而影响评分。因此，在比赛开始前，选手一定要提前确定好规则是否有单独规定辩论总结环节、总结是否会单独计时等问题。如存在没有单独规定该环节或不进行单独计时的情况，就需要选手在分焦点辩论的最后主动留出时间，自己对辩论阶段进行总结。如果法官的失误导致没有进行辩论总结，选手则可以考量当时情况后，决定是否向法官要求进行总结。

（四）被告人最后陈述

严格意义上来讲，被告人最后陈述其实不属于法庭辩论的范畴，是法庭辩论结束之后的另一单独阶段，但为了说明的方便和全面，在这里一并进行介绍。这一阶段在一般模拟法庭比赛中都规定为2—3分钟的时间。

被告人的自我陈述和辩解是我国法律赋予被告人的权利，其重要性不可忽视。在模拟法庭比赛中，该环节是整个比赛的最后一段发言，利用好该段时间往往会带来意想不到的良好效果。

与真实庭审不同的是，模拟法庭比赛中的被告人同样是由受过法学专业教育的学生来饰演的，该"被告人"与比赛中的"公诉人""辩护人"一样具有法学素养，也对辩护方的辩护逻辑、思路和观点有很深的了解，同时还是场上除被害人外唯一的案件亲历者，提供的证言具有直接的特征。如果被告人能在最后陈述阶段，以被告人的口吻通过对案件事实证据的强调再次凸显己方观点，并反驳公诉方的漏洞，很容易能够给法官留下更为深刻的印象，也会在一定程度上影响最终的比赛结果。

因此，被告人陈述阶段的重要作用不容忽略，一定要在备赛阶段给予足够的重视，保证被告人陈述阶段的时间能够被充分利用，起到最好的效果。

二、法庭辩论的表现形式

法庭辩论的具体表现形式主要依赖于辩护人辩护策略的具体选择，即选择进行何种辩护的问题。我国传统法学理论及司法实践上将辩护的主要表现形式区分为无罪辩护和罪轻辩护。随着立法的进一步完善和司法实践水平的逐渐进步,有学者将辩护的类型标准细化区分为无罪辩护、量刑辩护、罪轻辩护、程序性辩护、证据辩护。但该学者也认为上述区分是存在着缺陷的,概念限定之间可能存在重合的情况。①

在模拟法庭比赛中,辩护方在选择辩护策略时,较多的参赛队伍会出于比赛精彩程度或可发挥空间的考量而首选某种程度上较为"激进"的无罪辩护,可能会同时将罪轻辩护作为如果无罪辩护策略并未取得预期成效之后的次级选择,给法官塑造一种"即使退一步来讲,被告人也不应构成公诉方所认为的重罪,而只可能构成轻罪"的认知。甚至部分比赛也会出于公平的考虑,为了保证控辩双方有相似的立论难度,要求辩护方必须选择无罪辩护的策略,否则就会按照违反规则处理。

本书认为,在对辩护的类型进行分类时,必须坚持"以事实为根据,以法律为准绳"基本原则,同时考虑到辩护目的主要是说服法庭,基于此,本书将法庭辩论阶段的表现形式划分为事实之辩和法律之辩,前者主要表现为证据之辩,后者可以进一步划分为定性之辩、量刑之辩、程序之辩。

受制于模拟法庭比赛规则,模拟法庭比赛中的法庭辩论关注的重点在证据之辩和定性之辩,本书将对这二者进行介绍和分析。

(一)证据之辩

在法庭辩论中,对于证据问题的争议是控辩双方都难以忽略的重要战场。所有的法庭审理活动都建立在案件事实证据基础之上,无论是控方还是辩方,在法庭辩论中都会遵循将小前提(事实)与大前提(法律)相结合,从而得出结论(法律评价)的思维路径。② 由于辩护方与公诉方一样,都受过专业的法学基础教育,具有相似的学术背景,因此控辩双方在大前提即法律的认

---

① 参见陈瑞华:《刑事辩护的理念》,北京大学出版社2017年版,第31—43页。
② 参见孙广智:《刑辩律师的法庭辩论技巧(二):事实之辩》,载微信公众号"京都律师",https://mp.weixin.qq.com/s/OyFIu_s4cVl0CUcEk8EDwg,2020年4月10日。

知上其实不会存在根本性的差别，二者在法律上的分歧其实都是在较为细节的理解和适用上的，因此，想要攻击公诉方的结论，从小前提即案件事实入手，会是更有效率的选择。

因此，此时对于辩护方来说，动摇或者改变起诉书所指控的入罪事实，寻求控方事实及证据层面的漏洞，以此为突破口展开攻击就显得至关重要。从某种意义上讲，证据之辩主要是通过法庭调查阶段的证据质证阶段来完成的，法庭辩论阶段只不过是对质证意见的汇总而已。由此可见，要做好证据之辩必须重视法庭调查阶段的证据质证环节，也要正视法庭调查阶段与法庭辩论阶段之间的紧密联系，在备赛阶段重点熟悉证据的真实性、关联性、合法性的基本含义，了解证据能力、证明力、证明对象、证明标准、证明责任分配等基本概念，明了"存疑有利于被告人"原则的基本含义并能熟练运用《最高人民法院关于适用〈中华人民共和国刑事诉讼法〉的解释》第 4 章"证据"的规定。

值得注意的是，如前文所述，在模拟法庭的举证质证环节，公诉方举证时需要对数量繁多且庞杂的几十份证据进行分组，而分组的依据与整体逻辑，必须与法庭辩论阶段公诉方的指控思路相适应，要起到相辅相成的重要作用。这样才能够将法庭调查阶段与法庭辩论阶段紧密地联系在一起，实现法庭调查的意义。

对于模拟法庭比赛而言，在证据之辩的过程中，辩护方一切攻击的最终目的都是让法院不采纳公诉机关递交的证据，如该证据系案件的关键证据，则会实现模拟法庭活动中无罪辩护的效果。而公诉方在这一阶段则主要起到防守的作用，要通过对辩护方发言的反驳来维护己方所提交证据的真实性、合法性和关联性，以维护定罪逻辑，保持逻辑链条的完整。当然，当证据之辩的争议对象是辩护方补充提交的证据时，这样的地位就会出现交换。

但是模拟法庭的特殊之处在于，囿于规则和实际条件的限制，案涉证据全都是从组委会统一发放的案卷中提取的，无法像真实庭审一样，运用瑕疵证据规则，攻击公诉方出示证据的真实性和合法性。因此在模拟法庭比赛的过程中，只要公诉方所举的证据确实是案卷中所提供的，通常情况下就不会质疑证据真实性和合法性，因为辩护方无从验证，也无法判断，只能统一视作证据没有瑕疵，证据之辩的展开便只能围绕证据与证明目的之间的关联性展开。在许多比赛的规则之中，也会单独规定参赛选手不能对证据的合法性与真实性提出质疑。

事实上，尽管一般情况下我们认为在模拟法庭比赛中，法庭调查阶段解决的是事实相关的问题，法庭辩论阶段只对法律相关的问题进行探讨。但在实际操作之中，事实与法律经常是联系紧密、无法分割的，即使在法庭辩论阶段，双方选手仍然会对案件事实相关的问题继续争论。同时，模拟法庭赛事的评委很多都是富有真实审判经验的法官，在组织或评判比赛的过程中会有一些实践中的习惯，可能会在模拟法庭的赛场上，归纳证据之辩的争议焦点。在这时，就要求参赛选手头脑清醒，快速反应，或对争议焦点提出异议，或自己控制重心，将辩论的重点聚焦在法律问题之上，在完成对证据之辩的质疑或反驳之后，迅速进入重点部分的辩论中去。

（二）定性之辩

定性之辩是法庭辩论的终点，也是控辩双方围绕事实、证据展开一切辩论所指向的最终目标，在某种程度上，事实之辩和证据之辩最终都是为了服务于法律之辩而进行的，在模拟法庭比赛的法庭辩论中更是如此。围绕当事人的行为定性所展开的辩论归根结底要落脚于对当事人涉案行为的罪与非罪、此罪与彼罪、罪轻与罪重的法律评价。[1]

刑事审判主要解决的是定罪和量刑的问题，定性之辩是向法庭说明被告人不构成公诉机关所指控罪名的辩护，其又可以分为两种：无罪辩护和罪轻辩护。如前文所述，模拟法庭活动的辩护人通常要进行的是无罪辩护。无罪辩护的含义就是全盘否定公诉机关的指控，包括证据上的无罪辩护和实体上

---

[1] 参见孙广智：《刑辩律师的法庭辩论技巧（四）：法律之辩》，载微信公众号"京都律师"，https://mp.weixin.qq.com/s/mMqKst37kzh4-ajrCVTfRw，2020年4月18日。

的无罪辩护两种形态。

证据上的无罪辩护即是前述的证据之辩,通过证据之辩,让法庭接受本案事实不清、证据不足的观点,从而实现无罪的结果,其具体内涵及注意事项前文已有详细论述,在此不再重复。

实体上的无罪辩护通常是模拟法庭比赛中法庭辩论阶段的主要组成部分,主要是从实体法适用的角度展开,比如认为被告人的行为构成正当防卫,被告人的行为不构成公诉机关指控的盗窃罪而是诈骗行为,又由于案涉数额达不到诈骗罪的起刑点从而无罪。

在模拟法庭比赛之中,辩护方需要通过法庭辩论阶段的定性之辩来构建有利于被告人的法律事实,从而努力说服法官,争取在法律评价上寻求到有利于被告人的结论。[1] 辩护方会在赛前拿到起诉书,因此参赛队员可能会从公诉方所选取罪名的构成要件入手,分别分析在本案中的适用情况及疑点所在,最终得出被告人不构成犯罪的结论。例如,在许霆案中,该案件当时在理论与实务界也引发了大规模、多角度的讨论,众多学者针对该案件的定性问题发表了观点。[2] 检察院以盗窃罪对被告人提起公诉,辩护人则就涉案钱款是否可以被认定为"遗忘物"被告人仅构成侵占罪,许霆的行为是否是民法上的不当得利,客观上是否符合盗窃罪秘密性的要求,行为具有偶然性、不可复制,不必动用刑法追究其刑事责任等方面提出了辩护意见。[3] 针对辩护人的观点,公诉人否认了涉案钱款属于遗忘物;从许霆是主动、故意实施行为等方面否认了不当得利的观点;从时空特征上论证了被告人行为符合秘密性的要求;从刑罚的一般预防性质角度论证了被告人行为的刑罚当罚性。[4] 这样的观点交锋就是典型的定性之辩。

综上所述,模拟法庭的法庭辩论表现为无罪辩护,又可以划分为证据上

---

[1] 参见孙广智:《刑辩律师的法庭辩论技巧(四):法律之辩》,载微信公众号"京都律师",https://mp.weixin.qq.com/s/mMqKst37kzh4-ajrCVTfRw,2020年4月18日。

[2] 参见陈兴良:《利用柜员机故障恶意取款行为之定性研究》,载《中外法学》2009年第1期。

[3] 参见陈兴良:《论财产犯罪的司法认定》,载《东方法学》2008年第3期。

[4] 参见谭海霞:《好人还是坏人——许霆案办案札记》,载《中国检察官》2010年第17期。

的无罪辩护和实体上的无罪辩护,至于在辩护策略上具体选择哪一种,则应根据案卷材料、比赛规则、公诉方观点及比赛当时的具体状况,结合法律规定予以选择。当然,无论采取哪一种辩护策略,选手在法庭辩论的过程中都应当做到观点明确、表达清晰、论证充分、结论合理,以期达到说服法官的最终目的。

第四节　如何呈现精彩的法庭辩论

从宏观的视角来看,"辩论"在我们日常生活中几乎时时刻刻都在发生。比如,当一个社会热点问题出现时,无论是理论界还是实务界,甚至在各类社交平台上,我们都能看到很多人在积极发表自己的看法和观点,也会反驳自己不赞成的声音,这就是辩论在日常生活中的体现——大家无时无刻不在辩论。

在进行这些辩论时,不难发现,在面对一个具体实践问题时,任何角度的思考方式都不会是完全错误的,都是有道理的、值得参考与借鉴的,而立场、身份、角度的改变会很容易带来观点的改变,这也是为什么我们经常会觉得,当原本我们不赞同的观点得到了解释或论证之后,我们会很容易感到被"说服"的原因。因为在生活中,除了部分原则性问题必然有固定的答案,很多问题其实并没有标准答案,哪怕是所谓的常识问题,都有非常大的争论空间可供思考与辩论。

模拟法庭的比赛其实就是立足于这样的观点之上进行的,比赛开始前,组委会会提供一份赛题案卷,为了追求更细节、准确的案件设计,赛题往往会选取司法实践中的真实案例,隐去隐私信息之后作为蓝本,有时会出于公平的考虑,删减部分证据,保证控辩双方都"有话可说",保留相似的发挥空间。比赛开始后,参赛队员被设置居于公诉方或辩护方的立场之上,就案件的事实、证据、法律适用等展开讨论。其实就赛题案件本身而言,被告人的定罪量刑并不会有标准答案,即使原型案件已经审判终结,有了一个确定的罪名和刑期,但因为在模拟法庭比赛中起诉方指控思路、辩护方辩护策略、证据事实和庭审表现都与真实庭审存在区别,结果也就不会是一成不变的。因此,控辩双方不必受到既定观点的束缚,只需要站在各自的立场上在比赛中尽情发挥,呈现一场精彩的庭审,最后再由作为法官的评委根据选手的表现决定比赛的结果。

法庭辩论环节的"精彩"是对于模拟法庭庭审的期待和要求,那么,选手该如何呈现一场精彩的法庭辩论呢?

一、选择适合自己的方式

无论是真实庭审还是模拟法庭的法庭辩论阶段,法官审判案件的标准其实就是能够被哪一方的观点说服,因此能否在短时间内说服法官就是最重要的。在法庭辩论阶段,我们需要做到的就是依据案件事实,找到适用的法律,并作出最终的判断。

随着模拟法庭比赛及培训的日趋成熟化,备赛阶段其实并不是由参赛选手独立完成的,必然会有许多外力的帮助参与进来,指导老师的建议、对类案判决进行检索后阅读到的控辩双方观点及法院判决等等,都可能对选手的赛前准备产生不同程度的影响。尽管如此,参赛选手也不能完全依赖于准备阶段的外力,而忽略了自身能力的提升和主动的选择。模拟法庭比赛考验的是参赛选手的临场反应能力、语言表达能力、问题分析能力及法学专业素养,如果仅仅依靠指导老师的帮助,把比赛变成一场"表演",就会丧失模拟法庭比赛举办的初衷和意义。因此,呈现一场精彩法庭辩论的前提一定是寻找到最适合自己的方式。只有真正做到在庭审中最大程度发挥每个人的个人色彩,一项活动才能够成为一个真正具有高竞技性的、高价值含量的活动。

在进行模拟法庭比赛过程中,一定不能被刻板印象限制,不要被固有的认知影响判断。公诉人其实不一定要永远慷慨激昂,每一句话都掷地有声,也可以温柔和煦、娓娓道来;辩护人也不是只能温文尔雅,也可以是强势的、有一定攻击性的。

所以在法庭辩论中，每一个人都要发挥自己的长处，结合个人特色形成自己独特的风格，要找到适合自己的方式，成为自己心里的法律职业人。只有把个人色彩融入法庭辩论的过程中，我们才能避免像流水线一样去"制造"优秀选手，而是呈现出精彩的法庭辩论过程。

二、做好庭前准备工作

凡事预则立，不预则废，对要办的事，预先做好准备、思虑周详，才能做到胸有成竹，有的放矢。① 如前文所述，庭前准备工作在一定程度上会直接决定法庭辩论环节乃至整个庭审的质量，因此无论是在司法实践中还是模拟法庭比赛的赛场上，准备工作都不可或缺。

（一）做好多维度知识储备和素材积累

各个方面专业知识的积累在模拟法庭比赛中作用重大，在法庭辩论的过程中，言辞之争一定是非常重要的，但是更重要的是认知差异。如果在比赛场上，对法律或案件本身的了解和认知远高于对方，那么整个法庭辩论阶段的节奏就一定会尽在掌握。

以彭宇案来举例，当时法官在判决书说理部分中称："如果被告是见义勇为做好事，更符合实际的做法应是抓住撞到原告的人，而不仅仅是好心相扶；如果被告是做好事，根据社会情理，在原告的家人到达后，其完全可以言明事实经过并让原告的家人将原告送往医院，然后自行离开，但被告未作此等选择，其行为显然与情理相悖。"② 按照法官的裁判观点来看，其实是强行设定了"人们不会无缘无故去做好事以帮助他人"的前提，这明显违背社会道德，也起到了一种不良司法引导。这样的判决等于将人性从恶的角度理

---

① 参见郭艳春、郑烁、王冷、张冲：《庭审实质化下的公诉语言运用——以法庭辩论环节为基点》，载《中国检察官》2016年第6期。

② 徐寿兰诉彭宇人身损害赔偿纠纷案，江苏省南京市鼓楼区人民法院（2007）鼓民一初字第212号民事判决书。

解，而不相信善意的存在。其实法官就是在判决前没有做好充足的积累和准备，并没有从司法案例的引导价值和道德观念层面去考虑，才会导致这样引起轩然大波的判决出现。

所以，在比赛开始前，做好多方面的知识储备和素材积累，从多维度去考虑问题，是极有必要的。

（二）做好具体案件的全面准备

要想提升自己在法庭辩论环节中的语言运用能力以及庭审驾驭能力，就应当把视野扩大、把重心前移，将法庭辩论环节前的准备工作和法庭辩论中的语言表达摆在同等重要的位置。全面、完善、细致的准备工作，是模拟法庭比赛中呈现精彩法庭辩论的基础要求。

首先，参赛选手应在备赛阶段仔细阅卷，充分了解案情及细节信息，在确定思路后大量阅读相关法学专著及论文，做好专业知识的准备，还应当从案件情况、起诉书内容等方面对对方的观点加以预测，并做好针对性的辩论策略准备，拟定辩论提纲。① 具体的阅卷、破题及准备方法已经有详细论述，在此不做赘述。

其次，在比赛过程中，在法庭调查阶段要仔细倾听对方观点，尤其要注意厘清对方发言的真正目的，找出对方观点的漏洞和矛盾之处，再临场根据具体情况调整、修正之前的辩论方案，灵活应变，而不能仍然按照原来的准备自说自话、照本宣科。②

在准备模拟法庭比赛过程中，一定要在阅卷阶段对己方观点有清晰的认知，不断深挖到最底层，这样才能够在赛场上经历住一切考验。除实证法律规范层面的思考以外，还需要结合立法、道德、心理、社会现实甚至哲学层面进行多角度思考，只有经过这样的全面思考之后，选手才能真正确信己方

---

① 参见郑雁冰：《搞好法庭辩论应当注意的几个问题》，载《检察实践》2002年第4期。
② 参见郭艳春、郑烁、王冷、张冲：《庭审实质化下的公诉语言运用——以法庭辩论环节为基点》，载《中国检察官》2016年第6期。

的观点，才能够做到在有力论述己方观点的同时，游刃有余地化解对方选手乃至法官的提问，真正让己方的观点达到说服法官的目的。

如果能够真正做到对己方的所有观点都了如指掌，那么就不可能惧怕法庭辩论阶段的一切突发情况或是对方提出的一切反驳了，经常困扰选手们的"紧张"问题，也会在这样充足的准备面前迎刃而解。

因此，做好知识储备、素材积累和具体案件的全面准备之后，可以大幅度提升参赛选手在法庭辩论这一非常需要即兴发挥环节中的信心，有助于选手把控法庭辩论的节奏与方向，提升庭审的驾驭能力，最终呈现精彩的法庭辩论。

三、注意表达的方式

（一）在适当的时候选择适当的表达

在庭审中，注重"说话的艺术"是很重要的技能，语言的首要功能是沟通，在法庭辩论阶段一切论述的目的都是说服，因此注意表达的方式和艺术，不要讲外行听不懂、内行不要听的话，有时忘掉法言法语，用生活经验、真情实感更能够让人感同身受。

当代辩护大师梅尔温·贝利在1975年伊万斯法官主审的一件交通事故诉讼案中，面对12名陪审员，用略带沙哑的语调为一名6岁的孩子作出了这样的尾声辩论：

"陪审团的先生们和女士们，这个孩子是如此的柔弱幼小，因而满脑子想的是世间最重要的事情——把球尽快地弄回来，他想整个世界都在静静地等待着他去捡球，并会小心翼翼地不使他受到伤害或者不使他失去幼小的生命。以后，他会得到更多的评判，但让我们感谢万能的上帝，他赐予每个孩子还用不着面对生活现实的生命阶段，在此阶段他童稚般地笃信世界的善良。

在你们被选任陪审员时，在资格审查中，我曾问你们，是否碰到过一个小孩突然跑到你们的汽车前面的情况，还记得此事吗？当时许多人举起了手。接着我问了下一个问题，也是最为重要的问题：你们中有谁轧倒了这个小孩吗？没有一个人举手！你们知道留心小孩，你们倍加小心，你们的速度如此适中，你们是如此善于控制汽车以至于在碰倒或者轧倒那个孩子之前，车就已经停下了。但被告并非如此。他并没有你们表现出来的种种小心、谨慎与苦心，当他停下车，只身走回来时，一个小孩已躺在马路上，生命的光泽从他的眼睛里消失了——永远地消失了！

这个孩子还没到选择职业的年龄。我们不知道他将在我们的社会上从事什么职业。他也许会当一名卡车司机或者其他的普通劳动者——哪种职业都是维持生计的体面手段。他也有可能成为银行的董事长，或者他有可能成为一名律师，挣的钱跟代理被告的这些大律师一样多——我们是多么地希望他们站在我们一边，可他们对你们所作的案情描述又会是多么迥然不同！他也许会成为一名医生，也许会在某个不幸的日子，站在一个你们心爱的人的床前。尽管你们心爱的人已经奄奄一息，可他也许能够作为万能的上帝的使者，把健康、力量和生命留给这个你心爱的人。

可是，陪审团的先生们和女士们，我们无须说可能会是什么——这永远也不会发生了。他幼小的生命夭折了，刚好结束于正向他展现其广阔画面的这个美妙世界的门槛处。

所有口头的或者笔头的言词，最伤心的莫过于——有可能是！

法律允许我谈论某些问题，尽管这些问题与证据无关，却是些常识问题，如历史问题，庞大的泰坦尼克号船于1912年沉没，生命损失惨重；杰西·詹姆士行侠仗义于1865—1880年间，等等。所以，当我告诉你们1955年纽约市的各家日报登载的那张标着125.5万美元的价码签的赛马涅苏娃的照片时，我是毫不含糊的。稍稍想一想看！一匹赛马，其死后只能化为尘埃，而我们这儿的却是一个幼童——一个灵魂升天的人。在《圣经》时代，赞美诗作者大卫王仰望苍穹，向创世者问道：人者何物，值得您挂在心上？人之子何物，值得您看望？回答来了——先知们记载下了——并沿着时间的长廊留芳至今。

'你创造了他，虽位居天使之下，却赐予荣华。'

这个家庭并不宽裕的幼童，是依上帝的样子造出来的，是被赐予了荣华的！我以我灵魂中真诚的激情对你们说，这个州中最可怜的黑人孩子或者白人孩子也要比曾经参赛过的具有最优秀血统的马有价值！

让我们来看看小孩子的家吧。在对衣服的爱护和房间的整理上，他总是有些马虎——几乎每个孩子都如此。常常在他上学后，他母亲来到他的卧室，从地板上捡起他的睡衣，平整铺盖，揉平有时扔在地上的枕头。

可现在，这是多大的变化啊！母亲走进房间，一切井井有条，衣服整齐地挂在他的小衣柜里；床铺整洁；枕头不打皱——昨晚没有小头倚枕。可等一等，我说一切都井井有条，是的，一切，可除了一件：母亲的心已经碎裂成千百片，就是把国王所有的马和所有的骑士都给她，也无法缝合她那颗破碎的心。

要是能够再一次走进这个房间，看到铺盖和睡衣都扔在地上，枕头由于睡过而变得七皱八皱，要是能够再一次整理小孩睡过的房间，哪怕付一笔国王才付得起的赎金，要是有的话，她也心甘情愿。

她的曾经住在那里的小孩已经升入天国，再也不会用亲吻来向母亲道别或者问候。陪审团的先生们、女士们，想到你们可怕的任务，即用金钱来衡量和表示一个小孩的生命价值，就几乎使我颤抖。这似乎大逆不道，俗不可耐，但我们所遵循的是这个国家的法律。金钱赔偿是我们向你们恳求的唯一东西。判决书关系到这个孩子的价值，当你们商讨要写进这个判决书的赔偿数额时，但愿有一个更加高超的力量能够给你们以启迪。

如果本案的证据足以让原告获得一个判决，我相信为原告作出一个适当数额的判决将是你们的义务。正义就是正义——因为上帝就是上帝。今天正义必将取得胜利，怀疑就是不忠，畏缩就是罪过。天国离尘世不过一箭之遥，上帝离凡人也近在咫尺。当义务之神降旨'法律，你要主持正义！'，回答说'我有能力'。

先生们，女士们，不管你们作何判决，我都真诚地祝愿，这个判决以后将使你们白天步履轻松愉快，晚上睡得香甜。"

三个小时后，重新回到法庭的陪审团作出了裁决：原告应该得到500万美元的高额赔偿。①

这段尾声辩论其实并没有运用高深晦涩的法学理论，也没有向陪审团展现自己妙语连珠的口才或深厚的法学功底，但却收到了非常好的效果，这就是表达艺术的绝佳诠释。尽管法庭辩论阶段要以法律探讨为主，但是适当的抒情、升华有利于提升语言的说服力，这样相对新颖的论述也能让法官集中注意力，关注选手的具体观点。

（二）善用比喻、排比、设问、反问、对偶等修辞方法

同时，在恰当时，选手也要学会运用比喻、排比、设问、反问、对偶等修辞手法，提升语言的沟通效率，说服法官。

运用不同的修辞方法，可以帮助选手把深奥抽象的犯罪构成理论具体生动地表达出来，使论述易于理解，也能表达强烈奔放的感情，突出主题，增强气势。适当情况下选用适当的修辞手法既可以全面深刻、严密透彻地阐述事实道理，又可以淋漓尽致、强烈深沉地抒发感情。

当经历了一整天高强度且赛题一样的比赛评审之后，法官往往筋疲力尽，晦涩难懂的法学理论并不能吸引法官的兴趣，而修辞手法的运用可以起到吸引法官注意力、增强说服力、让法官耳目一新的作用，可能会有意想不到的效果。②

所以，即使在法庭辩论阶段，我们的语言表达也不一定只能是法言法语，模拟法庭的赛场不是课堂，法官也不是学生，如果一上来就去讲什么结果无价值、行为无价值、三阶层四要件这种晦涩艰深的法学理论，展现学术理论功底的强大是没有意义的，法官也不可能被这样单纯的理论讲解说服。当然，在对法律适用问题进行阐述时，专业素养的体现是必须的，但不是所有的争议焦点都需要从法学专业的理论知识去解释。

因此，当进行法庭辩论时，一定要注意表达方式的选择。不要单纯进行

---

① 参见［美］梅尔温·贝利：《法律，你要主持正义》，载《政府法制》2003 年第 20 期。
② 参见董景阳、姚彩蔚：《公诉人法庭辩论的技巧》，载《中国检察官》2017 年第 11 期。

理论的堆砌，只有选择恰当的表达方式，深入浅出地解释己方观点，才能够说服法官，呈现精彩的法庭辩论。

四、避免陷入误区

（一）庭前准备不足

在模拟法庭比赛中，各类突发情况随时都有可能发生。如前文所述，一定要在比赛开始之前将准备工作做得尽可能完善、全面，无论是文书的准备、思路的确定、还是辩论提纲的设计，都要尽可能全面。即使可能会准备远超比赛要求和时间限制的材料，浪费一些备赛阶段的时间，也尽量不要让自己在法庭辩论阶段因庭前准备不足而出现"无话可说"的情况。

在比赛过程中，即使法官归纳了从未准备过的争议焦点、对方提出了尚未想到的辩论策略，都不应过于慌乱，应根据己方的辩论大纲和整体思路，迅速调整，作出回应，而不能一旦发现准备不足就自暴自弃甚至放弃发言。

（二）怠于对争议焦点的遗漏提出异议

在模拟法庭比赛中，所谓的"法官"一般是由评委担任的，但是评委不一定都从事法官工作，还可能是检察官、律师、教师等其他法律从业者。加上模拟法庭比赛使用的案例和关注的重点往往与真实庭审有所出入，因此，在模拟法庭比赛中，并非所有的评委都能一次性完整且准确地概括争议焦点，尤其在一些复杂疑难案件中。

在实践中，法律规定法官在归纳争议焦点之后要询问当事人意见，模拟法庭中往往也有这一环节。但是实践中，许多选手在评委就争议焦点征求意见时，会因为紧张等原因怠于提出异议，而是在法庭辩论中再行围绕焦点外的问题讨论，如此便走了"弯路"，会导致法庭辩论偏离核心，不利于法庭辩论的正常进行和辩论效率的提升。

因此，如果评委所归纳的争议焦点不恰当或不完整，选手应当在征求意见时快速反应，申请修改或补充争议焦点，保证法庭辩论阶段的高效、有序推进，真正解决问题，呈现高质量的法庭辩论。

（三）发言冗长但重点不突出

在模拟法庭比赛中，尽管有时间的限制，但部分选手由于比赛经验的缺乏，仍会在一定程度上存在"讲的越多越有道理"的错误认识，对于简单、非重点甚至不存在争议的内容不断强调、认真解释，从而导致在法庭辩论中发言冗长，浪费时间，使得真正的争议焦点因为时间不够而难以得到彻底的探讨，没有真正表达出自己的核心观点，也会消耗法官的耐心，影响法庭辩论的质量呈现和最终的比赛结果。

因此，选手应当认识到，在法庭辩论阶段，发言在"精"不在"多"，一切发言都要为己方的思路服务，起到反驳对方观点或说服法官的作用。只有发言重点明确，抓准核心，提高输出效率，才能更好地展示出选手的真实水平，呈现更高质量的法庭辩论。[1]

---

[1] 参见周峰：《法庭辩论，法官说这样更简洁高效！》，载微信公众号"上海一中法院"，https://mp.weixin.qq.com/s/MPUYbPGimF1xo2EmTHRuXw，2022年7月19日。

第六章
刑事模拟法庭竞赛的组织

Chapter 6

华东政法大学先后承办过第一届上海市大学生模拟法庭竞赛和第七届全国大学生模拟法庭竞赛，积累了一定的办赛经验。为推广模拟法庭，特介绍在组织模拟法庭竞赛时的注意事项。

第一节 比赛准备

一、模拟法庭赛题说明

1. 请各参赛队根据下列案件材料及相关法律规定，控方以_____（姓名）构成_____罪提起公诉，辩方可以作无罪辩护，也可以作罪轻辩护，① 但不能仅作量刑辩护。

2. 本案起诉时间限定为比赛日前一个半月内，法律依据为文书递交截止日期前有效的法律及解释性文件，如在比赛日前有新法生效，应适用新法，文书中的法律依据由组委会统一向评委说明。

3. 本材料中所有证据材料均应视为原始材料，所有签名、印章、指印等均为真实有效，除非有特殊说明。

4. 本案所有诉讼程序合法，部分程序文书缺失导致文书制作所需时间不明的，各参赛队可根据法律规定自行确定。

5. 辩护方不得主张案件中的证据材料通过非法手段获得，也不得对取证方式的瑕疵提出异议。

6. 本案不涉及刑事附带民事诉讼审判。

7. 本次开庭只涉及_____（姓名）一人一案，案卷中陈述过案情的人员及鉴定人员均可作为证人出庭。

---

① 罪轻辩护是指不赞同公诉机关指控的罪名，认为构成另一罪，但该罪的法定刑轻于公诉机关指控的罪名。

8. 本材料中所有人物、姓名、电话号码、身份信息等均为比赛需要之虚拟，若有雷同，纯属巧合。

9. 文书中不得出现参赛队信息，公诉人及辩护人均以"甲乙"署名，律师事务所名称统一为"正义律师事务所"。

二、模拟法庭开庭程序与时间分配

说明：本开庭程序根据现行刑事诉讼法设计，结合竞赛需要适当调整。程序设计旨在减少表演性，突出队员的对抗性和专业性，并且在控辩双方时间和机会上保持平衡，以保证竞赛的有序、专业和公平。竞赛共90分钟左右，括号内数字为分钟数，有若干分钟机动时间，请审判长根据本规则组织庭审。

（一）开庭准备（2分钟）

1. 公诉人、辩护人入席，书记员入席

2. 书记员宣布法庭纪律、告知合议庭组成人员，询问双方是否回避，然后宣布全体起立

3. 书记员请审判长、审判员入席，审判长宣布入座，全体入座

4. 书记员向审判长报告庭审准备就绪，可以开庭

5. 审判长敲法槌，宣布开庭

（二）身份核对、告知权利（2分钟）

1. 审判长提被告人到庭，法警押被告人到庭

2. 审判长核对被告人身份与相关情况

（三）法庭调查（48分钟）

1. 起诉与答辩（6分钟）

（1）公诉人宣读起诉书（3分钟）

（2）审判长询问被告人对起诉书的意见，辩护人答辩（3分钟）

2. 讯问与询问被告人：公诉人和辩护人依次向被告人发问，一方认为发问不当，可以向法庭提出程序性反对，审判长应判断并制止不当提问与发言。

后续程序对此问题处理相同。

双方询问被告人和证人的时间与举证质证环节的时间予以合并，控辩双方在此环节，分别共有 21 分钟的时间。其中被告人回答问题的时间计入辩方，证人回答问题的时间计入控方。

3. 举证与质证

（1）安排庭审中一方时间用完，另一方可以继续发表举证质证意见

（2）控方举证，辩方质证

①控方说明有几组证据，然后举出一组证据，说明证据编号，名称，证据来源，证据核心信息以及证明对象

②辩方质证。辩方针对该组证据发表质证意见

③交叉回应：控方可以针对质证意见进行反驳，双方交叉发表回应意见。审判人员可以向任何一方发问，后续程序亦然

④证人出庭。如果在本组证据中有证人出庭，则进行下列程序：

a. 公诉人向审判长申请证人出席；

b. 审判长宣布证人入庭，法警将证人带入庭；

c. 审判长向证人说明作证的义务和责任；

d. 公诉人向证人提问；

e. 辩护人、被告人向证人提问并提出己方对证人证言的意见；

f. 交叉回应。

⑤鉴定人出庭。如果在本组证据中，公诉方申请鉴定人出庭，则进行下列程序：

a. 公诉方向审判长申请鉴定人出席；

b. 审判长宣布鉴定人入庭，法警带鉴定人入庭；

c. 审判长要求鉴定人说明鉴定意见；

d. 公诉人向鉴定人提问；

e. 被告人和辩护人提问并提出己方对鉴定的意见；

f. 交叉回应。

⑥继续或结束：审判长询问是否举证结束，若没有，则按照上述方法继续分组举证与质证。

（3）辩方举证，控方质证。

本环节程序要求与上一环节相同。（因队伍人员限制，举证不可使用证人和鉴定人）

（4）双方就举证与质证总结。（双方各 2 分钟）

4. 法庭调查结束。审判长宣布法庭调查结束，进入法庭辩论程序。

（四）法庭辩论（36 分钟）

1. 公诉意见。公诉人发表公诉意见概要。（3 分钟）

2. 辩护词。辩护人发表辩护词概要。（3 分钟）

3. 归纳辩论焦点（2 分钟）。审判长归纳需要辩论的焦点问题，询问双方意见后确定。

4. 分焦点辩论。（24 分钟）（双方各有 12 分钟，累计计时）

（1）审判长提出需要辩论的焦点问题；

（2）公诉人针对该焦点发表首轮辩论意见；

（3）辩护人针对该焦点发表首轮辩论意见；

（4）交叉辩论。围绕该焦点双方进行交叉辩论；

（5）审判长提出下一个焦点问题安排辩论，直到所有问题辩论完毕。

5. 辩论总结。（4 分钟）

公诉人、辩护人总结辩论（各 2 分钟），然后审判长宣布辩论结束。

（五）最后陈述（2 分钟）

被告人做最后陈述。随后，审判长敲法槌，宣布庭审结束。

（六）打分与评议（3 分钟）

合议庭当场打分，计分员总分并公布结果。

（七）点评

提示：

1. 上述规则与时间安排，在现场执行中有遗漏或者需要纠正的，双方成员可以向审判长提示，以保证竞赛公平有序进行。

2. 在评委点评结束后，由书记员向双方确认是否申诉，离开赛场后不得提起申诉。

第二节　庭审细则

一、书记员陈词模板

书记员：全场请肃静，现在宣读法庭记录。

全体人员在庭审活动中应当服从审判长的指挥，尊重司法礼仪，遵守法庭纪律，不得实施下列行为：（1）鼓掌、喧哗；（2）吸烟、进食；（3）拨打或接听电话；（4）对庭审活动进行录音、录像、拍照或使用移动通信工具等传播庭审活动；（5）其他危害法庭安全或妨害法庭秩序的行为。检察人员、诉讼参与人发言或提问，应当经审判长或独任审判员许可。旁听人员不得进入审判活动区，不得随意站立、走动，不得发言和提问。

书记员：＿＿＿＿＿＿＿＿＿比赛现在开始。本场比赛控方为＿＿＿＿＿＿队（队伍编号），辩方为＿＿＿＿＿＿队（队伍编号）。

本场比赛合议庭由来自＿＿＿＿＿＿（单位）的＿＿＿＿＿（姓名）、＿＿＿＿＿＿（单位）的＿＿＿＿＿（姓名）、＿＿＿＿＿＿（单位）的＿＿＿＿＿（姓名）组成，由＿＿＿＿＿＿担任审判长，由＿＿＿＿＿（书记员）担任法庭记录，请问公诉人、辩护人对上述人员是否申请回避？

全体起立，请审判长、审判员入庭。

报告审判长：公诉人、辩护人已到庭，被告人已在羁押室候审。有关诉讼参与人已在庭外候传，法庭准备工作就绪。请指示开庭！

提醒审判长双方用时。

书记员：本场比赛结束。请比赛双方及旁听人员暂离赛场，等待评委投票，请评委填写投票卡并在投票卡上签字。

（书记员帮助收集投票卡并填写投票汇总卡，将汇总卡交评委核对后通知参赛队伍进入比赛场地）

注意事项：

每位评委的分差在 0.5—10 分之间（在无扣分项的情况下），如超过该范围，提示后由评委重新给分。

书记员： 下面宣布本场比赛结果，本场比赛胜方为控方/辩方，比分为 3：0/2：1，双方得分为_____：_____，本场比赛最佳辩手为_____。

书记员： 请评委对本场比赛进行点评。

书记员： 双方队员对比赛结果是否提出申诉？再次提醒双方队员，离场之后不得对本场比赛提出申诉（若提出申诉，由书记员带至申诉处）。

书记员： 比赛结果将在所有比赛进行完毕后公布。请控方代表、辩方代表依次在赛果表上签字（请评委在汇总表上签字，请获得最佳辩手队员在汇总表上签字并注明所在学校）。

书记员： 全场比赛结束。请选手及旁听人员有序离场。谢谢。

二、审判长陈词模板及注意事项

（一）审判长陈词模板

（书记员：报告审判长，公诉人、辩护人已到庭，被告人已在羁押室候审。有关诉讼参与人已在庭外候传，法庭准备工作就绪。请指示开庭！）

审判长： 请坐。现在开庭，传被告人到庭。

核对被告人身份，核实之前是否受过刑事处罚，因本案被采取强制措施的情况。

审判长： 本院已在十日以前，将检察院起诉书副本送达给你，你收到没有？

被告人：

审判长：根据法律规定，被告人享有以下诉讼权利：（1）被告人在庭审中有为自己进行辩护的权利；（2）有权提出证据，申请通知新的证人到庭、调取新的证据，申请重新鉴定或者勘验、检查的权利；（3）法庭辩论结束后，有最后陈述的权利。被告人，听清楚了没有？此处无须征询是否回避（书记员已征询意见）。

被告人：听清楚了。

审判长：现在开始法庭调查，由公诉人宣读起诉书。

审判长：被告人，（你可以坐下），公诉人宣读的起诉书是否听清楚？

被告人：

审判长：你对起诉书有什么意见？

被告人：

审判长：辩护人对起诉书有什么意见？

辩护人：

审判长：公诉人可以就起诉书指控的犯罪事实向被告人讯问（被告人可以坐下）。

公诉人：

审判长：辩护人可以就起诉书指控的事实向被告人发问。

辩护人：

审判长：公诉人是否有补充讯问？

公诉人：

审判长：辩护人是否有补充发问？

辩护人：

审判长：下面由公诉人就指控被告人的犯罪事实向法庭举证。

公诉人：

审判长：被告人对上述证据有无异议？

被告人：

审判长：辩护人对上述证据有无异议？

辩护人：

审判长： 公诉人对辩护人的上述质证意见有无说明？

公诉人：

审判长： 辩护人对公诉人的上述说明有无意见？

辩护人：

审判长： 下面由公诉人继续举证（每轮举证质证结束后，都问一下公诉人、辩护人是否有新意见）

（二）公诉人申请证人出庭作证

审判长： 传证人（被害人、鉴定人）××到庭。

审判长： 核对证人（被害人、鉴定人）身份信息。

证人：

审判长： 你和本案有什么关系？

证人：

审判长： 证人（被害人、鉴定人）××，你今天出庭作证，你所享有的权利和应该履行的义务庭前是否已经了解？

证人：

审判长： （证人可以坐下）。公诉人可以对证人（被害人、鉴定人）发问。

公诉人：

审判长： 辩护人可以对证人（被害人、鉴定人）发问。

辩护人：

审判长： 被告人可以对证人（被害人、鉴定人）发问。

被告人：

审判长： 公诉人是否有补充发问。

公诉人：

审判长： 辩护人是否有补充发问。

辩护人：

审判长： 被告人是否有补充发问。

被告人：

审判长： 证人（被害人、鉴定人）现在可以退庭。庭后查阅庭审笔录，确认无误后在庭审笔录上签名。

证人：

审判长： 公诉人是否举证完毕？

公诉人：

审判长： 被告人有无证据向法庭递交？

被告人：

审判长： 辩护人有无证据向法庭递交？（辩护人此时提交的证据限于案卷材料中公诉人尚未举证的证据，否则拒绝辩护人举证）

辩护人：

审判长： 下面由公诉人、辩护人分别进行举证质证总结。首先由公诉人进行举证意见总结。

公诉人：

审判长： 下面由辩护人进行质证意见总结。

辩护人：

审判长： 法庭调查结束，下面开始法庭辩论。首先由公诉人发表公诉意见概要。

审判长： 被告人可以为自己进行辩护。

被告人：

审判长： 下面由辩护人发表辩护意见概要。

审判长： 根据刚才控辩双方发表的意见，合议庭将本案的争议焦点概括为：……请问公诉人是否有不同意见？

公诉人：

审判长： 请问辩护人是否有不同意见？

辩护人：

审判长：下面就第一个争议焦点展开辩论，首先由公诉人发表意见。

公诉人：

审判长：下面由辩护人发表意见。

辩护人：

审判长：下面就第二个争议焦点展开辩论，首先由公诉人发表意见。

公诉人：

审判长：下面由辩护人发表意见。

辩护人：

审判长：下面就第三个争议焦点展开辩论，首先由公诉人发表意见。

公诉人：

审判长：下面由辩护人发表意见。

辩护人：

审判长：下面由公诉人、辩护人发表辩论总结，首先由公诉人发表辩论总结意见。

公诉人：

审判长：下面由辩护人发表辩论总结意见。

辩护人：

审判长：法庭辩论终结，根据法律规定，被告人享有最后陈述的权利。

被告人：

审判长：公诉人有无对辩护人、被告人违反比赛规则的说明？

公诉人：

审判长：辩护人有无说明？

辩护人：

审判长：辩护人有无对公诉人、证人违反比赛规则的说明？

辩护人：

审判长：公诉人有无说明？

公诉人：

审判长： 现在休庭，待合议庭评议以后继续开庭，现将被告人暂押。休庭。

(三) 关于时间的若干说明

1. 请严格按照庭审确定的时间进行，书记员提示时间到后，一律中止发言，进入下一个程序，不得将下一环节的时间挪用至前一环节。

2. 在时间未用完时，除非参赛队员明确表示放弃剩余时间，不得打断其发言。

(四) 与真实庭审的区别

1. 核对完被告人身份、询问是否在 10 日前收到起诉书后，无须询问是否申请回避（书记员已经征求过意见）。

2. 在征求被告人对起诉书的意见后，应征求辩护人对起诉书的意见。

3. 对被告人发问结束后，应征求双方是否有补充发问（双方也可以主动申请补充发问）。

4. 为保障比赛公平，建议合议庭成员不发问。

5. 举证质证阶段，在辩护人发表完质证意见后，应询问公诉人对质证意见是否有说明，然后询问辩护人对公诉人的说明是否有新意见，再开始下一组的举证质证。

6. 对证人的发问结束后，应征求双方是否有补充发问（双方也可以主动申请补充发问）。

7. 辩护人递交的证据限于案卷材料中公诉人尚未举证的证据，否则不允许举证。

8. 举证质证结束后，双方有发表举证质证意见总结的环节。

9. 法庭辩论由审判长总结争议焦点后征求双方意见，然后分焦点辩论。

10. 分焦点辩论结束后，双方有发表辩论总结的环节。

11. 证人（被害人、鉴定人）作证结束后，其退庭后可以旁听剩余庭审。

12. 在被告人最后陈述后，询问一下双方是否有违反比赛规则的说明，作为最终评判的依据。

（五）点评注意事项

1. 评委点评时，所有评委可推选一位评委代表发言，但其他评委也应进行补充点评，请重点强调负方的缺陷以及在庭审最后阶段针对对方违反规则的说明，尽量讲清楚扣分点。

2. 点评无范围限制，如学生能针对评委的点评进行修正，在下一场比赛打出好成绩，这本身也是学生应变能力强的表现。

3. 如有队伍提出申诉，评委应立即到申诉处参加仲裁程序。

三、举证质证规则

1. 公诉人可以一证一举，也可以分组举证。

2. 公诉人应当将案卷材料中所有证据进行举证，如果有遗漏，辩护人可以就公诉人未举证部分进行举证，但对公诉人已经举证的材料，不得再次举证。

3. 公诉人可以在举下一组证据前，针对辩护人的质证意见予以回应，审判长应征求辩护人的意见，然后开始下一组证据的举证质证。

4. 对证据的真实性原则上不能质疑，但如果被告人、证人、被害人作了多份笔录，就同一事项作了多份鉴定、多份辨认笔录、多次侦查实验的，其中存有矛盾之处的，辩方可以就真实性予以质证、辩论。基于此，被告人、证人在庭前做过多份笔录的，在法庭审理时可以选择对其有利的陈述，对此不能视为翻供、翻证。同时，被告人、证人可以在案件材料的基础上，基于常识、常情、常理予以适当发挥。

5. 辩方不能以侦查机关采取刑讯逼供、威胁手段收集证据等理由对证据的合法性进行质证，也不得对取证方式的瑕疵提出异议。

6. 双方对证据证明力的大小可以展开辩论。

7. 出庭证人庭前所作的证言，出庭鉴定人之前所作的鉴定意见，公诉人可不再单独作为证据出示，但下列情形除外：（1）证人出庭作证时遗忘或者遗漏庭前证言的关键内容，需要向证人作出必要提示的；（2）证人的当庭证言与庭前证言存在矛盾，需要证人作出合理解释的。

8. 公诉人申请出庭的如为被害人，也应在庭外候审，在发问、举证质证时，无须征询其意见。

9. 证人（被害人、鉴定人）作证结束后，其退庭后可以旁听剩余庭审，在评委点评时，坐在证人席上。

第三节 评分细则

一、评委评分标准（总分30分）

（一）基础分（25分）

		控　方		辩　方
法庭调查	讯问及询问	覆盖基本事实，问题指向基本明确，但结构松散，逻辑感一般，应变处置一般，缺乏临场感（3分）	讯问及询问	围绕辩方观点展开，问题指向基本明确，但问题结构松散，逻辑感一般，应变处置一般，缺乏临场感（3分）
		覆盖基本事实且重点突出，问题设计有逻辑陷阱等递进层次，能根据被问人的回答和辩护人的发问做出应变反应，临场感强（4分）		围绕辩方观点且重点突出，问题设计有逻辑陷阱等递进层次，结构严密，能根据公诉人的发问及被告人的回答做出应变反应，临场感强（4分）
	举证	全面出示证据，但平铺直叙，缺乏重点详略；证据分组合理，但与争议焦点的关联度不高（3分）	一轮质证意见	对控方的证据体系有明确意见，论证基本清晰，能基本围绕证据发表意见，但存在如发表法庭辩论的法律适用等偏离质证意见的情况（3分）
		全面出示证据且重点突出，详略得当；证据分组合理且逻辑性强，与争议焦点紧密关联（4分）		对控方的证据体系有针对性的明确意见，论证清晰且重点突出，说理能力强，紧密围绕证据三性进行分析（4分）
	质证答辩	对辩方的辩驳意见有回应，但质证回应的针对性一般，证据说理能力一般（3分）	二轮质证意见	基本重申前一轮的辩方观点，但对控方质证答辩的回应不够有力，缺乏临场感，说理能力一般（3分）
		对辩方的辩驳意见有充分回应，能根据辩方的质证意见有针对性答辩，证据分析说理能力强，有临场感（4分）		对控方的质证答辩有充分回应，能根据控方的答辩有针对性辨析，与第一轮意见的论证有层次递进，有临场感（4分）

续表

		控　方		辩　方
法庭辩论	公诉意见	基本反映本方观点（2.5分）	辩护意见	基本反映本方观点（2.5分）
		在基本反映本方观点的基础上，能根据法庭调查的现场情况进行针对性说理，对法条和法理的适用有充分阐述，情理法兼备（3.5分）		在基本反映本方观点的基础上，能根据法庭调查的现场情况和公诉意见的论证体系进行针对性辩驳和说理，情理法兼备（3.5分）
	第一轮答辩意见	对辩方的辩护有预测，但答辩不够完整透彻，与公诉意见有重复，综合说理能力较弱（3分）	第一轮答辩意见	对控方的答辩有回应，但答辩不够完整透彻，与辩护意见有重复，综合说理能力较弱（3分）
		对辩方的辩护有回应且准备充分，能结合法庭调查和辩护意见进行详略得当的说明，对庭审争议焦点的论证有递进层次和临场感（4分）		对控方的答辩有回应且准备充分，能结合法庭调查和公诉意见进行详略得当的说明，对庭审争议焦点的论证有递进层次和临场感（4分）
	第二轮答辩意见	能针对辩方已经发表的辩论意见展开有针对性的分析，但答辩不够完整透彻，与前面已经发表的答辩意见有重复，综合说理能力较弱（4.5分）	第二轮答辩意见	能针对控方已经发表的辩论意见展开有针对性的分析，但答辩不够完整透彻，与前面已经发表的答辩意见有重复，综合说理能力较弱（4.5分）
		能针对辩方已经发表的辩论意见展开有针对性的分析，能结合法庭调查和第一轮法庭辩论的意见进行详略得当的说明，对庭审争议焦点的论证有递进层次和临场感（5.5分）		能针对控方已经发表的辩论意见展开有针对性的分析，能结合法庭调查和第一轮法庭辩论意见进行详略得当的说明，对庭审争议焦点的论证有递进层次和临场感（5.5分）

（二）加权分（0—5分）

评委根据选手的知识储备、反应能力、语言表达、配合程度和仪态风度等方面的总体感觉在1—5分之间评价。

（三）扣分项

观点错误	法律适用错误	仪态、语言等形式要件违反法庭要求或不遵守法庭指挥	其他错误或违反规则的情况（需评委具体注明）
-5	-5	-5	-5

（四）其他错误或违反规则的常见情形

包括：（1）赛前找专家咨询或指导与比赛有关的内容，未向组委会报备且该专家在比赛中担任了该赛队评委的；（2）代表队的老师、学生或其他人员在比赛结束前主动同评审进行交流的；（3）比赛中存在指导教师或场下学生同场上队员进行未经允许的交流的；（4）具有刺探行为的。

说明

1. 双方总分各为30分。其中基础分总分25分，加权分5分。

2. 基础分只能选择给定的两档，不得选择其他分值。扣分项中，每一项扣除5分，不得选择其他分值。

3. 除非出现扣分项，每一位评委所给分数，控辩双方的分差应当在0.5—10分之间。

4. 直接判负的情形（有下列情形的，0:3负，胜方分数为72分，负方分数为0分）

（1）控方改变案卷所限定的指控意见的；

（2）控方改变起诉书指控的重要内容的①；

（3）被告人、证人当庭改变庭前供述和陈述，导致庭审无法进行的；

（4）与当场评委存有交易，可能影响竞赛结果的；

（5）告知当场评委所在学校的；

（6）严重违反庭审规范的；

（7）其他组委会认为严重违反竞赛规则的行为。

5. 以下事项请在加权分中酌情拉开分差：

（1）被告人、证人当庭改变庭前供述和陈述的；

---

① 如控方在起诉书中指控构成A罪，在庭审时，以想象竞合、牵连犯等方式论证构成A罪的，同样判负（区分标准在于在起诉书中是否引用了相关法律条文，如无法引用相关法律条文的，是否在起诉书中论述了理由）。

（2）改变庭审前递交文书载明的核心内容的；

（3）不能在规定时间内完成指定任务的（如控方证人因时间原因未上场、未将证据目录中的所有证据出示举证的）；

（4）不能在规定时间内发表完意见的；

（5）比赛迟到的。

二、评委投分表

控方队伍编号：　　　　　辩方队伍编号：　　　　　评委签名：

投分项目	控方得分	辩方得分
讯问/询问（3/4分）		
控方举证/辩方一轮质证意见（3/4分）		
控方质证答辩/辩方二轮质证意见（3/4分）		
公诉意见/辩护意见（2.5/3.5分）		
第一轮答辩意见（3/4分）		
第二轮答辩意见（4.5/5.5）		
加权分（0—5分）		
扣分（每项扣5分）		
总分		

1. 前6项得分请选择括号内的分值。

2. 如无扣分项，双方分差请控制在0.5—10分之间。

评委投票卡 （请评委在获胜的持方下打钩并写明得分）	
公诉方（编号：　　　）	辩护方（编号：　　　）
本场最佳辩手 （可在6名队员中选择，离审判席近的为1号公诉人/辩护人）	
评委签字	

评委投票汇总卡

比赛时间：　　　　　　　　　　　比赛地点：

公诉方（编号：　　　）		辩护方（编号：　　　）	
票数	分数	票数	分数

本场最佳辩手（签字时由获得最佳辩手的队员签字并注明所在学校）：

公诉方代表签字	
辩护方代表签字	
书记员签字	
评委签字	

余论：我们需要什么样的模拟法庭

本书已近尾声，在长期的模拟法庭指导过程中，有诸多所思所想，聊记如下。

一、模拟法庭能给法学教育带来什么

如前文所述，以案卷为基础的模拟法庭综合考察参与者刑法、刑事诉讼法、证据法等相关学科的理解，考察参与者逻辑思维、概括、反应、表达等诸项能力，这都是之前的传统法学教育所欠缺的，传统法学教育的核心在于传授学习者如何解释法律，解释的基础是已经固定好的案件事实，但司法工作人员面临的首要任务是如何固定案件事实，只有在固定事实之后才需要解释法律。这就是奠基于案卷基础之上的模拟法庭的意义所在，其锻炼的是本书一直强调的"用证据说话"的能力。虽然与司法实践相比，模拟法庭仍存在无法克服的缺陷，但这已经是现阶段无限接近于真实庭审的教学活动了。因此，模拟法庭是传统法学教育的有益补充，是现阶段大力提倡的实践教学的有效突破口，它搭起了法学教育与司法实践的桥梁，有助于让参与者毕业后尽快适应司法实践，尽快掌握司法工作人员的思维模式，其意义不可低估。

二、模拟法庭能给参与者带来什么

模拟法庭活动是无限接近于司法实践的教学活动，参与者能从中学习如何从现有案卷材料中固定有利于本方立场的事实，如何站在本方立场解释法律，如何基于证据与法律有效反驳对方观点。优秀的赛题能让双方都"有话可讲",这就要求参与者不仅要竭尽全能的立论,还要绞尽脑汁的驳论,这一过程能让参与者深刻认识到没有十全十美的事物,能够让参与者理解到法律的本质是妥协,因为法律有太多的价值追求,而这些价值追究不仅内涵外延不清,还容易发生冲突,司法工作人员站在不同立场选择不同的价值追求是"自然而然"的事情。但即便如此,仍然有共同的底线不能突破,如被告人、证人对之前所作证言的演绎不能违反常识常情常理。

在这个过程中,参与者能锻炼自学的能力。大学学习与中学学习最大的不同是由自己决定怎么学习,案例所涉及的内容大部分尚未在课堂传授,这就逼迫参与者学习如何搜索资料,如何阅读文献,如何总结争议焦点,而这不仅是日后制作学术论文的常态,也是司法工作人员的工作常态。

除此之外,这一活动能够锻炼参与者团队协作能力。模拟法庭是一个集体项目,在比赛前需要长期的训练,如果没有集体意识,难以取得良好的效果,这就需要参与者克服自身困难,从集体出发来做决定。

"相同的内容,不同的表达",通过模拟法庭活动,可以训练参与者反复斟酌如何表达,在长期的训练过程中,能够慢慢掌握就某一专题长时间脱稿表达的能力,能够了解自己的表达习惯,找到最适合自己的表达方式,形成自己的风格。

总之,模拟法庭活动能够给参与者带来不同于传统教学、不同于传统社团的体验,而这是在从事司法实务后才有的体验,通过训练,能够让参与者知道哪些是自己擅长的,哪些是自己不擅长的,从而能够提升短板,在大学期间尽力提高自身素能。

虽然如此,仍有两个问题需要特意强调:

第一,模拟法庭活动虽然门槛高,观赏性不强,但仍然是所有学生都能够参与的活动。表现优秀的可以代表学校参与各种比赛,不能因为达不到这个标准而"望而却步",只有迈出第一步,才能知道自己的长处和短处,现阶段的勇敢表达是为了日后的优秀表达。

第二,模拟法庭活动表面上看是技能训练,但实质仍然是对基本知识的训练，优秀的参与者必然会熟悉案例所涉及的刑法、刑事诉讼法、证据法等知识，甚至需要了解法医、会计、矿业等知识，没有这些内容作为基础，所谓的模拟法庭就变成了"耍嘴皮子"。因此，参与模拟法庭并非意味着可以放弃基本学科的认真学习，只有掌握了部门法的基本知识，才能在模拟法庭活动中自如表达。

三、模拟法庭能给司法实务界带来什么

如前文所述，模拟法庭是法学教育与司法实践的桥梁，通过模拟法庭训练，可以让参与者熟悉司法工作人员的思维模式，而这必然会缩短司法实务界对新人的培训周期，模拟法庭活动持续的时间越长，参与的人数越多，越有助于尽快提升司法工作人员的技能。

一般认为，法学教育侧重于理论，司法实践侧重于实务，两者之间的关系是理论指导实务，实务反作用于理论。笔者并不赞同这一观点，笔者认为，除极为纯粹的不需要关注实务的研究外，如刑法史研究，两者之间的关系是：理论就是实务，实务就是理论，两者并非泾渭分明，而是你中有我，我中有你。在实务中，所有的刑事案件都需要考虑理论研究成果，如因果关系是每一个案件都需要考虑的构成要件，但我国刑法中并没有规定因果关系，司法实务中所有判断因果关系的观点都来自于刑法理论。同样道理，只有关注司法实践的理论才能得到发展，因为只有这样的理论，才能针对司法实践中的问题不断修正，才能与实践形成互动，正是在这个互动过程中，理论与实践的界限慢慢消融，直至融为一体。

模拟法庭活动就是消融理论与实践的桥梁，模拟法庭的破题就是对相关理论研究成果的运用，在破题时，不得不考虑同类案件在司法实践中是如何处理的，而文书制作、证据分组、法庭表达则是实务界关注的焦点，同时，如何表达、证据如何分组则又涉及相关学科理论知识的运用。因此，模拟法庭活动不仅有助于培养既关注理论又关注实务的学生，也能作为实务界培养新人的载体，让新人既关注实务又关注理论。

同时，如前文所述，模拟法庭比赛规则中的证人出庭、审判长总结争议焦点、分焦点辩论均在一定程度上有异于真实庭审，这对推进以审判为中心的司法改革具有一定的借鉴意义。

总之，大学教育侧重于对法律的解释，司法实务侧重于对证据的分析，两者相互配合，才能培养出合格的司法从业人员。

四、我们需要什么样的模拟法庭

如前文所述，冠以"模拟法庭"的活动各种各样，但只有以案卷为基础的模拟法庭才能实现本书提及的诸多功能，有必要在大学法学教育中大力推广。

我们需要立论正确、逻辑严密、论证有力、反应迅速、脱稿表达的模拟法庭，我们需要体现参与者高度专业性的模拟法庭，我们不需要背稿、不需要表演的模拟法庭。

模拟法庭活动需要师生的高度互动。参加模拟法庭活动的主体是大学二三年级的学生，有的同学还没有学习刑法分则，大多数同学还没有学习刑事诉讼法、证据法，在这种情况下，模拟法庭的破题主要依赖于老师的指导，因此，立论是否正确的责任主要在老师，但立论确定后，如何吃透立论、如何论证、如何表达则主要依赖于参与的学生。这就需要学生发挥自己的主观能动性，殚精竭虑，一稿一稿地修改文书、修改发言稿，只有经过这个过程，才能真正地"入脑入心"，在比赛时能够针对庭审中出现的情况及时反应，作出正确的应对。

因此，笔者不欣赏在模拟法庭上背稿的公诉人和辩护人，无论他们背诵得多么流利，无论背诵时感情多么充沛。因为背稿是对模拟法庭活动的误解，它只是为了追求比赛的胜利。同样，笔者也不欣赏被告人和证人在模拟法庭上的过度表演，如前文所述，被告人和证人是辩护人、公诉人的有力助手，是抵挡对方"炮火"的第一道防线，过多的表演也是对模拟法庭活动的误读，是将模拟法庭混同于演戏。

正是基于这个原因，模拟法庭活动对参与者提出了很高的要求，虽然前文强调希望人人都来参与，但达到代表学校参与比赛要求水平的参与者确实少之又少，至少大多数参与者难以实现脱稿表达，但正是基于这个原因，才能凸显模拟法庭的魅力和价值。

同样基于这个原因，模拟法庭的评审标准应该侧重于选手对事实、证据的分析和对法律规定的理解，详而言之，对控方而言，证据是否形成完整链条；对辩方而言，辩点是否清晰；对双方而言，引用法律规定是否明确、具体，结论是否清晰，论证是否有力，是否能总结争议焦点并在反驳对方观点的基础上展开论证，是否能将证据与法律规定相结合，应该是评审的重点，在此基础上再考察选手的语言表达是否流畅、配合是否默契。

希望在校学生勇敢尝试，坚持做难而正确的事情！